Oswald Andrae
Hollt doch de Duums
för den Sittich

D1669912

„edition ,die horen'"

Oswald Andrae
Hollt doch de Duums för den Sittich

Niederdeutsche Texte
Lyrik, Prosa, Lieder
Werk & Wirkung

herausgegeben von
Johann P. Tammen

mit Zeichnungen von
Peter K. Kirchhof

edition „die horen" 4
Herausgegeben von Johann P. Tammen

Wi harrn mal / en bunten Vagel. /
He is wegflagen. / Uns Koopmann meen: /
„De Vagel / bringt dat / nich wiet. /
Woll / kann he / Spröök / maken /
so as / sien Herr, / man Finken verstaht
hüm nich. / De fallt över hüm her. /
He hett to bunte Fäärn." /
Hollt doch de Duums /
för den Sittich!

Oswald Andrae

Oswald Andrae
Flögeln, 14.03.1989

Inhalt

„Wenn allens stimmen moot, denn stimmt dar wat nich" oder Was einer sieht, der den Kopf nicht in den Sand steckt – *Zu diesem Band*

Über Goethe hat er nicht schreiben wollen – und tat es dann doch, weil letztlich einige Fragen auftauchten, Fragen nach dem Standpunkt des Dichters, Überprüfung der Parteilichkeit – auch Ideologieverdacht war da im Spiel, Aneignung und Distanz. Hatte Goethe doch „gelegentlich einer Besprechung von Voß' Gedichten im Jahre 1804" geschrieben: „Zu einem liebevollen Studium der Sprache scheint der Niederdeutsche den eigentlichen Anlaß zu finden. Von allem, was undeutsch ist, abgesondert, hört er nur um sich her sanftes, behagliches Urdeutsch, und seine Nachbarn reden ähnliche Sprachen. Ja, wenn er ans Meer tritt, wenn Schiffer des Auslandes ankommen, tönen ihm die Grundsilben seiner Mundart entgegen, und so empfängt er manches Eigene, das er selbst schon aufgegeben, von fremden Lippen zurück und gewöhnt sich deshalb mehr als der Oberdeutsche, der an Volksstämme ganz verschiedenen Ursprungs angrenzt, daran, im Leben selbst auf die Abstammung der Worte zu merken."

Zwar anerkennt Oswald Andrae (dessen Umgang mit den Klassikern ganz und gar unbefangen ist – sollten sie nicht allesamt als Zeitgenossen gelten?) Goethes Interesse für die friesische Küstenlandschaft, wie dieser es am 28. September 1809 gegenüber dem jungen Knebel bekundete, vermißt aber (den „Faust", Zweiter Teil, keineswegs übersehend) die angelegentliche Auseinandersetzung mit den „wirklichen Begebenheiten". Denn – so Andrae –: „Was Goethe nicht schrieb oder was man ihm im Verlaufe seiner wiederholten Kontakte zu den Privilegierten des Jeverlandes verschwiegen haben mag, war die Aufsässigkeit der ‚geringen Leute' hierzulande, die ihren Höhepunkt fand in dem Aufstand der zweitausend Deicharbeiter im Jahre 1765 an der Küste des seinerzeit anhalt-zerbstischen Jeverlandes, wo sie ihre Arbeit niederlegten für humanere Lebensbedingungen und für einen gerechteren Lohn. Mit Waffengewalt hatte man sie gezwungen, weiterzuarbeiten, um dann die verantwortlichen Beamten und Offiziere mit Silberkrügen zu beschenken."

Darüber, so vermutet Oswald Andrae keck, „hätte vielleicht ein Schiller geschrieben, der, lebte er heute, als Autor der ‚Räuber' wegen des Verdachtes, ein Sympathisant systemfeindlicher Gruppen zu sein . . . aber unterlasse ich das, um nicht Verdacht zu erregen!"

Nun denn, das sind so Vermutungen. Aber die wird man ja wohl noch anstellen dürfen. Und seine Vorlieben, seine Antipathien, sie darlegen, überprüfen, zur Ansicht ausbreiten, das ist doch erlaubt, wenn nicht geboten? Oswald Andrae jedenfalls tut das, dreist, unbekümmert – und damit zugleich auch den eigenen Standpunkt markierend: Schrieven för un över ‚dat minner Volk' – Schreiben aus der Sicht und für den Vorteil der Betroffenen. Das ist sein „Programm" – und das verfolgt er kritisch wägend, kompromißlos, couragiert und tolerant. In diesem Sinne ergreift er Partei, schreibt und handelt parteiisch – und ordnet sich ein in ein soziales Spektrum, in dem die Benachteiligten, die Gegängelten, Bevormundeten und Gepreßten einzig auf Widerstand abzielen können, wollen sie denn in anderen, besseren Verhältnissen leben und dazu beitragen, daß sich die gegebenen Bedingungen ändern.

Und: Hier, nur hier, wo diese Kämpfe stattfinden, ist für Oswald Andrae auch das, was man ihm gerne nachsichtig-mildtätig als Etikett umhängt: *Heimat.* – „Sü an, dar kummt uns ‚Heimatdichter'!"

Andrae wehrt das nicht unbedingt ab. Milde urteilend gegenüber diesen Etikettierern füllt er stattdessen die auf eine Worthülse heruntergekommene Kategorie Heimat mit seinen (konkreten) Erfahrungen, entzieht ihr die braune Einfärbung („Heiliges Erbgut", „Blut und Boden", ideologisch begründete Naturverbundenheit), streift die hätschelnd gepflegten Romantizismen ab, feixt über die wechselnden Moden bürgerlicher Innerlichkeit – und setzt gegen alles seine eigene Erlebnisfähigkeit, seinen „nüchternen Verstand", die Klarheit und Überzeugungskraft seiner Gedanken und die präzise Sprache seiner Herkunft, mit der er die Gegenwart durchmißt, die Historie befragt und Perspektiven versucht.

Mit Ernst Bloch hält Andrae dafür, daß Heimat etwas ist, was wir uns erschaffen müssen in einem anstrengenden Prozeß demokratischen Miteinanders: „Die Wurzel der Geschichte aber ist der arbeitende, schaffende, die Gegebenheiten umbildende und überholende Mensch. Hat er sich erfaßt und das Seine ohne Entäußerung und Entfremdung in realer Demokratie begründet, so entsteht in der Welt etwas, das allen in die Kindheit scheint und worin noch niemand war: Heimat."

Dabei reagiert Oswald Andrae auf den angedeuteten Zusammenhang von Heimat, Landschaft, Umwelt, Kultur und Geschichte aber keineswegs emotionslos, nur die Präzision der Sprache und die Klarheit der gefilterten Gedanken einsetzend. Dialektik und Methodik sind *eine* Sache, An-Schauung, die subjektive, das Gefühl (Herz und Sinne) befragende Darstellung des Gesehenen und Erlebten ein zusätzlicher Aspekt des Aufschreibens von Welt und Zeit, wie Oswald Andrae es in sein Verständnis von Literatur und Politik, Poesie und Widerstand, Ästhetik und Alltag einbringt.

Ohnehin wird man Oswald Andraes Dichtung, seinem literarischen und publizistischen Wirken, kaum gerecht, „wenn man ihn festzulegen und einzugrenzen versucht auf (geläufige) Formen einer unmittelbar politisch pointierenden Literatur" (Ralf Schnell).

Immer ist bei Andrae „die Gesamtheit des Lebenszusammenhanges der Menschen" gemeint, also „auch die Natur dieser Region und das Umgehen der Menschen, die hier leben, mit der Natur und miteinander. Gemeint sind die Bedingungen gesellschaftlicher Existenzformen in ihrer Gesamtheit, gemeint sind das Selbstverständnis und das Selbstbewußtsein der Bewohner, die Besonderheiten und auch die Verkümmerungen ihrer Mitteilungsformen, die mit ihrer Sprachform zusammenfallen. Liebesgedichte, aber auch Naturgedichte sind deshalb ebenso zum Gesamtspektrum der thematischen Aspekte in Oswald Andraes Lyrik zu zählen wie etwa die literarische Aufarbeitung geschichtlich weit zurückliegender Entwicklungen in seiner Heimat" (Schnell).

Und genau diese Ausprägungen, Orientierungen und Bestimmungen rücken Oswald Andrae mit seiner schriftstellerischen Arbeit, seiner Dichtung und seinem politischen Wollen in die Traditionslinie Reuter, Groth, Claudius, Siefkes, wobei er zugleich auch (provoziert und motiviert durch die gesellschaftlichen und politischen Bedingungen heute) über diese hinausweist.

Erfaßte Groths Poesie als literarische Region noch das Dorf, Claudius' lyrische Aneignung die Stadt (die Großstadt, den Hafenarbeiterstreik), so thematisiert Andrae warnend und mahnend Weltpolitik (und deren Auswirkung, ihr Eingreifen in unser aller Leben): Appellativ fordert Andrae die Umkehr, kritische Selbstbesinnung (,,Wahrt Jo!") und ermuntert zum Aufstand ,,gegen die stille Ergebenheit in unser kalkuliertes Schicksal" (Gert Heidenreich). Die Misere bekommt einen Namen, für die drohende Apokalypse werden die Ursachen benannt – und für den Ausweg aus der Katastrophe bleibt (vielleicht noch) ein Schlupfloch: ,,Riet dien Muul up! Schree doch ut, / wat du glöövst, / wat du meenst, / wat du denkst, / wat dien Angst is!" Und: ,,Waak wesen schullen wi, waak wesen un uppassen!"

Andraes Wachheit, seine (auch – zum Glück – naive) Lust zum Widerstand und sein unermüdliches Agitieren reaktionärer Verklärungs- und Vernebelungstaktiken sind Produkt einer natürlichen Reibung: ,,Wer Freiheit als eine aufklärerische Aufgabe versteht, muß bereit sein, auch Widerspruch hervorzurufen", weiß Andrae: ,,Wer Anstoß geben will, muß auch Anstoß erregen können . . . Aufklärung, Widerspruch und Anstoß sind miteinander verwandt und allesamt Kinder der Freiheit." Und Andrae lebt diese Erfahrung Gustav Heinemanns bewußt, dabei die Unbill des Boykotts durch Andersdenkende, Ewiggestrige und Unbelehrbare zähneknirschend in Kauf nehmend. ,,Wenn allens stimmen moot", diese Erfahrung fand Oswald Andrae nicht zuletzt auch durch den polnischen Aphoristiker Stanislaw Jerzy Lec bestätigt, ,,denn stimmt dar wat nich!" Mögen alle diejenigen beunruhigt sein, die sich durch solcherart Lebensweisheit ertappt fühlen könnten: Oswald Andrae wird sie nicht schonen, der schlägt Alarm, macht ,,Laway" – und scheucht so alle Satten und Selbstgerechten, alle Denkfaulen und Gefühlsarmen, alle, die's etwas angeht, aus ihrem Schutzraum und Schongehege. Ruhe, das ist doch klar, ist eben nicht die erste Bürgerpflicht.

*

Dieser Band, ein erster Auswahlband mit literarischen und publizistischen Arbeiten Oswald Andraes und Texten zur Wirkungsgeschichte des Autors, bewußt konzentriert auf die niederdeutschen Texte, Gedichte, Lieder und anderen literarischen Formen, will einen Überblick geben zum vielfältigen Schaffen des längst über die Grenzen der Region hinaus bekannt gewordenen friesischen Mundart-Schriftstellers, dessen Werk bislang verstreut in Buch- und Typoskriptveröffentlichungen, Anthologien, Zeitungen, Zeitschriften, Funk und Fernsehen ablesbar war, nicht aber in einer gebündelten, überschaubaren Sammlung, die eine adäquate Wertung erlaubt und eine wirkungsvollere Verbreitung der Arbeiten dieses Autors ermöglicht hätte.

Zahlreiche Gedichte, Texte und Lieder werden in diesem Band – als Werkveröffentlichung in Buchform – zum erstenmal gedruckt. Ein detaillierter Überblick zum Werk findet sich im Kapitel ,,Werk & Wirkung" sowie im Anhang (Bio-Bibliographie und Quellen & Hinweise); ebenfalls dort nachzuschlagen sind komplettierende Hinweise zu den Liedern, Balladen und Übertragungen, die zwar auf Schallplatten – vor allem von Helmut Debus – zu hören sind, bislang aber (bis auf wenige Ausnahmen) gedruckt nicht vorlagen.

Die Anordnung der Kapitel in diesem Band folgt primär thematischen Überlegungen – und mischt so bewußt die verschiedenen literarischen Formen in einem Netz korrespondierender Texte, ergänzt durch bildnerische Aussagen von Peter K. Kirchhof, der die Poesie und den kritischen Impetus Oswald Andraes in seinen Zeichnungen originär kommentiert. Der dadurch entstandene Lesebuch-Charakter dieser Auswahl unterstreicht die Vielfalt der Ausdrucksmöglichkeiten Oswald Andraes und läßt so einen Autor kenntlich werden, dessen literarische Bedeutung längst außer Frage steht – und für dessen breit gefächertes, nuancenreiches Schaffen dieser Band eine geeignete Plattform abgeben möge.

Johann P. Tammen

Wat maakt wi?

Wat maakt wi?

De Tiet löppt vöran,
un wi, wat maakt wi?
Wi dröömt, wat vergahn is,
hebbt veel Phantasie.
Mit en Been van Ja,
mit anner Been Ne,
so staht wi
as Wiespahls
up de Stää.
Wi wiest woll den Wegg,
man wi röögt uns nich.

De Spääldöös klimpert

Griept
Jo de Minsken.
Saagt är en Been af,
dat anner dwingt in den Iesenfoot,
in
den Foot
mit Musik.
Wenn he denn steiht,
de Minsk, denn dreiht de Schruven fast.
Sniedt
den Kopp af.
Schuuvt en glasen Kugel över den Hals.
Dat
is de Spitz!
Hangt hüm vull
mit Steerns un mit Sülver.
Lametta hebbt disse Minsken so geern.
An allens, wat affsteiht, klemmt Ji nu Keersen.
Steckt
hüm en Keers an.
Dreiht dat Lucht ut.
Vergät't all de Schann.
Laat't de Spääldöös klimpern,
de Döös in den Foot mit Musik.
Denn dreiht he sik still up sien Been. De Spääldöös
klim
pert
en
Leed
van'n
Frä
den.

De Slüüs

Nich blots, dat se nee is,
nich blots, dat se groot is.
Uns Slüüs is hochmodern,
meen stolt de Ingenieur.
Up Jahren vörut
is allens parat:
    Utstaffeert
    mit Sakramenten
    un mit
    Sprengkamers
    för den
    Dag X.
Wi hebbt an allens dacht.

Kindsdööp un Kunfermatschon

Dat givt en Land,
dat harr mal
sien egen
Kindsdööp,
de nömen se
dat Grundgesetz.
As de Kinner
van dit Land
denn sülvst denken
kunnen,
da wurr
är Land
kunfermeert
mit en
Notstandsgesetz.
Allens
to sien Tiet.

Status quo

Se staht
as
se
staht
wenn
se
staht
staht
se
staatsch
för
den
Staat.

De Fahn

Ik hebb
mal lehrt,
se weer
noch mehr
wert
as de Dood.
Se is
nich mehr
wert
as en
Sluck Genever.
Well
den hett,
de hett se,
un well
dar to veel
van kriggt,
de kummt
dat hoch.

En neje fahn
för de rechten
mannslüü

en striet
üm fahnen
hett
mi
lehrt
dat
dat
dat
givt
dat lüü
noch
fahnen ehrt
so
mannslüü
drinkt
den branntwien
ov drinkt sekt
man
draagt
en fahn vöran
denn
well
kien n sluck
drinkt
un
kien fahn hett
is
kien
rechten
mann

De Wandluus

En Wandluus
seet
in d'Müernritz,
maak't Grundgesetz
to'n slechten Witz:
Wenn d'Staatsgewalt
dat Recht verdreiht,
hett allns bi uns
sien Richtigkeit.
Man weet't Ji,
wu mi dat
so dücht?
„Wat flüstert,
wat lustert,
dat lüggt."

Elk een

Elk een
will geern
anerkennt
wesen;

man sülvst
den annern
anerkennen:

dat
fallt
stuur.

Hollt doch de Duums!

Wi harrn mal
en bunten Vagel.
He is wegflagen.
Uns Koopmann meen:
  „De Vagel
  bringt dat
  nich wiet.
  Woll
  kann he
  Spröök
  maken
  so as
  sien Herr,
  man Finken verstaht hüm nich
  De fallt över hüm her.
  He hett to bunte Fäärn."
Hollt doch de Duums
för den Sittich!

Riet dien Muul up!

Schree doch ut,
      wat du glöövst,
      wat du meenst,
      wat du denkst,
      wat dien Angst is!

Schree doch ut,
      wenn du Courage hest,
Up de
Gefahr hen,
dat dar annern sünd,
      de di seggt: dat stimmt nich;
dat dar annern sünd,
      anner Menen;
dat dar annern sünd,
      de geern hißt!
Schree doch ut!

Naderhand
      kann well kamen,
      kann di sehn,
      man kickt weg
      un will di nich.
Riet dien Muul up!

Wat süniger läwen?

Ümwelt

(ansichten un utsichten)

sik sien söbensaken söken
sik sien'n sükensack säkern
sik denn stillkens üm de ecken
up de socken maken un verrecken

Ümweltsüük

Hoppenröök
geiht üm.
Profitgedanken
bredt sik ut.
De hoge Schösteen
blaakt un blaakt.

Wannlüstig
wennt wi uns
an't wälig Läwen,
snackt blots noch
van Geschäften,
prahlt
mit Produktion.

Noordwind
draagt
Gestank
un Schuum
van de neje
Kläranlaag.

Up't Water
van't Hooks-Deep
drivt
en doden Fisk,
un dör
Möhlenflögelribben
weiht vergävs
de Wind.

De Naber

De Naber
köfft sik
en nee Auto.
All
koopt se sik
en nee Auto.

De Naber
köfft sik
en Wäkenendhuus.
All
koopt se sik
en Wäkenendhuus.

De Naber
hett nu
ok al en Boot.
All
hebbt se nu
ok al en Boot.

De Naber
flüggt
tokumm Sömmer
na Las Palmas.
All
fleegt se
tokumm Sömmer
na Las Palmas.

De Naber
hett
Kredit upnahmen.
All
hébbt se
Kredit upnahmen.

De Naber
schull
wat süniger läwen.
Schulln se
all
wat süniger läwen?

De Naber
luurt
up en groot Vörbild.
All
luurt se
up den Naber.

Geven is seliger as nehmen,

reep de Schippsboer,
dar weer he
en Arbeitgever wurden.

De een draag den annern sien Last,

reep he sien Lüü to,
man van'n hörgern Lohn holl he nix.
Sien Lüü lepen hüm weg na de Konkurrenz.

Wor du hengeihst, dar will ik ok hengahn,

meen he. Dar weer he pleite.
He kreeg en moi Baantje –
ok bi de Konkurrenz.

In'n Sweet van dien Angesicht
schast du dien Brot äten,

seggt he nu an sien Lüü.
He is Vörarbeiter.

De Kandidat

Köönt Ji dat?
Wi köönt dat.
Kannst Du dat?
Ik kann dat.
Köönt se dat?
He kann dat.
Wu de di dat kann!
De kann di dat!

Ik kann di dat!
Wi köönt di dat!
He kann di dat!
Wu de di dat kann!
De kann di dat!

Uns Kandidat:
de kann di dat!
Wu de di dat kann!
Mann!

Wat seggt de Partei?

De Arbeitslosen mööt't weg!
Weg mit de Arbeitslosen,
segg de Partei.

Wat seggt se? – Recht hebbt se!
recht hebbt –
recht, – recht, – recht, –
recht, de Partei,
recht, de Partei,
recht, de Partei.

De Arbeitslosen mööt't weg!
Weg mit de Arbeitslosen,
segg de Partei
un reer – un reer – för't Militär.

Wat seggt se? – Recht hebbt se!
Recht hebbt se,
recht hebbt –
recht, – recht, – recht, –
recht, de Partei,
recht, de Partei.

De Arbeitslosen mööt't weg!
Weg mit de Arbeitslosen,
segg de Partei
un leet de Autobahnen boen.

Wat seggt se? – Recht hebbt se!
Recht hebbt se,
recht hebbt –
recht, – recht, – recht, –
recht, de Partei,
recht, de Partei.

De Arbeitslosen mööt't weg!
Weg mit de Arbeitslosen,
segg de Partei
un leet den Westwall boen.

Wat seggt se? – Recht hebbt se!
Recht hebbt –
recht, – recht, – recht, –
recht, de Partei,
recht, de Partei.

De Arbeitslosen mööt't weg!
Weg mit de Arbeitslosen,
segg de Partei,
leet Hüüs boen för Olympiade un KZ,
leet Kanonen boen,
leet Granaten dreien,
reep dat Volk
an't Gewehr.

Un se seggen:
Recht, de Partei,
un se fungen an to moorden.

Noch'n Gesetz?

Well steiht mit de Fööt up den Grund?
Well steiht mit de Fööt up den Grund?
Well steiht mit de Fööt up dat Grundgesetz
un trampelt allens doot?

Volksleed

Well will ünner de Salaten?
De laat't wi vandaag gewähr'n.
De laat't wi vandaag gewähr'n.
De laat't wi vandaag gewähr'n.
De verlüst sien'n Kopp in'n Mai.

Well will ünner de Salaten?
De moot scheten in de Saat.
De moot scheten in de Saat.
De moot scheten in de Saat.
Sünner Kopp is dat to laat.

Aftellriemel

Ziepel,
Zappel,
Zägenbuck.
Enterbeest
in'n Höhnerhuck.
Köst'n Koh?
Wi hebbt ja kien!
Eier
in de Melkmaschin.
Melkbumm
vull
Franzosenkruut.
Hebbt ji nix?
Denn
mööt't
ji
rut.

Hier un annerswor

Jever

Angeregt durch h. c. artmanns text „wanns du zum michaelerplatz gehn willst".

wullt
na n markt hen
kummt dr up an
wor du jüst büst

kannst ut d kaakstraat
kamen
kannst ut d petersilienstraat
kamen
kannst ut n tatergang
kamen
kannst ut d möhlenstraat
kamen
kannst ut de nejestraat
kamen
kannst van de graft
kamen
kannst ut de anlagen
kamen
kannst van t vonthünenufer
kamen
kannst ut n slößgaarn
kamen
kannst ut n slößkroog
kamen
kannst ut n slößgang
kamen
kannst ut t slößcafé
kamen
kannst ut de slößstraat
kamen
kannst ut t amtsgericht
kamen
kannst ut n marstall
kamen
kannst van t mariendenkmal
kamen

kannst van t kriegerdenkmal 70/71
kamen
kannst van t Kriegerdenkmal 14/18
kamen
kannst van t kriegerdenkmal 39/45
kamen
kannst van t slöß
kamen
kannst ut elker richt
kamen
kannst alltiet na n markt
kamen
kannst wenn du wullt

För gerhard rühm

dat beer dat beer dat beer
dat beer dat beer dat beer
nix kenn ik anners mehr

oh doch uns slöß sien ziepeltoorn
oh doch uns slöß sien ziepeltoorn
un denn un denn dat beer

dat beer dat beer dat beer
nix kenn ik anners mehr

dat beer dat beer dat beer
dat beer den toorn dat beer
nix kenn ik anners mehr

Sables Blancs / Bretagne

– för hannelore –

de sömmer un de wiede fahrt,
dat wiede land, de caravan,
de ungedüür, de straten.

de döst,
de wien,
dat neje ik,
dat neje land,
de spraken un de minsken.

de see,
dat boot,
de braden fisk,
dat lange brot,
de sünn,
de wind,
de ruh.

in't watt de tichels,
rot un över krüüz
up dusend pahlen:
       banken,
       östers – wild un
       nummer veer.

dien mund,
dien röök,
un eng ümslungen
van den seetang
en paar felsen
up't verlaten eiland.

se sünd tügen.

Glens un Bens

keem van perth her,
firth of forth dör.
bi de forth-brügg
köst dat toll.

dör pitlochry,
killiekrankie,
geiht de wegg na
blair atholl.

kroop den barg hoch
– ok bi regen –
na den steenwall,
de nümms findt.

hebb mit di up't
öltüüch legen,
un dat wullgras
danz in'n wind.

drööm van'n garry,
glen errochty,
van'n loch rannoch,
van dat land.

loch faskally
un pitlochry.
uns malt whisky
heet glen grant.

Blair Atholl

schottland is arm,
seggt de lüü.
achter den steenwall
bleuht dat heidekruut,
blänkert
wiet in de feerndte
dat water
van den see,
farvt sik
dat grön van de bargen
blau,
prunkt
tüsken
blömen un bööm
dat witte kastell.
schottland is schön
achter den steenwall.
schottland ist arm,
seggt de lüü.
achter den steenwall
höört
bit up de griesen wulken
so wiet as ik sehn kann
allens den grafen.

Drumnadrochit (Loch Ness)

Mank gröön Gras
verstreet as Stenen
slaapt de Schaap,
slaapt de Schaap,
slaapt de Schaap
bi 't Urquhart-Castle.
Man de Mann van Drumnadrochit
dröömt van Whisky, drömmt van Haggis.

> Över'n See
> hangt Rägenwulken.
> spägelt sik,
> spägelt sik,
> spägelt sik
> up't Sülverwater.
> Man de Mann van Drumnadrochit
> dröömt van Whisky, dröömt van Haggis.

Günt van' See
liggt griese Bargen.
Rägen fallt.
Rägen fallt.
Rägen fallt.
Se sünd verswunnen.
Man de Mann van Drumnadrochit
dröömt van Whisky, dröömt van Haggis.

> Wat he schall,
> dat seggt en König:
> güstern de,
> vandaag de,
> mörgen de,
> de jüst de Macht hett.
> Man de Mann van Drumnadrochit
> dröömt van Whisky, dröömt van Haggis.

In sien Land
kann he nich läwen,
hett veel Smacht,
hett veel Smacht,
hett veel Smacht
un moot verdarwen.
Ja, de Mann van Drumnadrochit
dröömt van Whisky, dröömt van Haggis.

Mank gröön Gras
verstreet as Stenen
slaapt de Schaap,
slappt de Schaap,
slaapt de Schaap
bi't Urquhart-Castle.
Man de Mann van Drumnadrochit
dröömt van Whisky, dröömt van Haggis.

Abseits

Abseits
der Betonpaläste
werden
die Wege
staubig,
ziehen
Beduinen
in der
Morgenkühle
marktwärts
ihre Schafe,
duckt
ein Huhn sich,
wellt
das Blech sich,
färbt man
Häuser blau
gegen den bösen Blick,
weint
ein Weib,
meint
ein Greis:
Muß so sein,
kräht
ein Hahn:
Schalom!
Und ein Schaf
läßt sich verkaufen.

Sicher

Sicher wähnte
Atlas
seine
sieben Töchter
vor Orion.
Über dem gespickten
Golanrücken
stehen
im Zenite
die Plejaden.
Lampenfinger
tasten
durch das Jordanbett.
Zwischen
Steinen
schreien
die Zikaden
von Kapernaum.
Vor verlaßnen
Gotteshäusern
streunen
wilde Hunde.
Über Gräbern,
Minenfeldern
und dem Berg der Seligpreisung
steht die letzte Stunde.
Blessed are the peacemakers,
for they shall be called the children
of God. (Math. 5,9)

Raubkatzen schnurren

Friedenstauben
verloren die Zweige,
vergaßen die Botschaften,
wurden fett
und nisteten sich ein
in die Hirne
der Menschen.

Raubkatzen
schnurren
Friedenslieder.

Das Rindvieh

Sich täglich melken lassen,
in sich hineinfressen,
was die anderen einem so bieten,
Wiederkäuen.

Zwei recht spitze Hörner tragen,
an die der Rindviehbesitzer
einen Strick knüpft
zwecks problemloser Führung.

An't open Füür

Vörnehm äten in dat fienst
Gasthuus van de lüttje Stadt.
Gräsig klook snackt
un veel Damp maakt
mit dicke Zigarren.
Prahlt mit Spröök
ut dissen Büchmann sien Book.
Nich allens begräpen.
Hört, wu schön dit
Land doch is, dit Vietnam.
Brennholtbülten
leggen laten
in dat open Füür
to uns Fööt.
Schampanjer drunken.
Den Dener wunken.
Vietnam vergäten.
Un denn noch dat Äten:
Fleesch weer goot.
Snack nich van't Bloot!
Luurt up't Gnistern
van't brennen Holt.
Den annern Dag
stunk de Kledaasch,
wies mi noch mal hen
up den bitzigen Rook
van Brennholt,
dat sik bögen muß
in gleunig Füür.

Wat hinkt, dat löppt

Stanislaw Jerzy Lec
hett mal seggt:

En Hahn
besingt
ok den Dag,
an de
se hüm
den Hals
affdreiht.

Stanislaw Jerzy Lec hett mal seggt:

Wenn
allens
stimmen
moot,

denn
stimmt
dar
wat
nich.

Stanislaw Jerzy Lec hett mal seggt:

Wat
hinkt,
dat
löppt.

Stanislaw Jerzy Lec hett mal seggt:

Wenn ganz kien
Wind
weiht,

denn hett
ok de Hahn
up den
Karktoorn
Charakter.

Stanislaw Jerzy Lec hett mal seggt:

Dar liggt allens
in Minskenhand.

Wi schullen se
fakender
waschen.

Stanislaw Jerzy Lec hett mal seggt:

So'n Dreiörgel
kannst
rürgels dreien,
man nich
de Melodie.

Stanislaw Jerzy Lec hett mal seggt:

Ik kunn mi
verfehren
vör Gewehren,
de nich
geladen weren.
Dar haun
se sik fröher
de Köpp mit in.

Stanislaw Jerzy Lec hett mal seggt:

In't Paradies
kummst blots
mit'n
Liekenwagen.

Is dat nich
schaa'?

Goethe hett mal schräwen:

Toleranz
sollte eigentlich
nur eine
vorübergehende
Gesinnung sein:

Sie muß
zur Anerkennung
führen.
Dulden heißt
beleidigen.

Un disse Mann
hett Minister
wesen?

Dar mööt't wi gegen an

„Suup di duun
un fräät di dick
un holl dien snuut
van politik"

(niederdeutsches Sprichwort)

dat is ja man so
ik wull ja nix seggen
ik dach ja man blots
ik meen ja man blots
ik segg ja nix
ik segg ja
ik segg
ik

ik hebb dar nix gegen
ik – dar – gegen
hebb – nix
ik
swieg
still

Brokdörp an de Elv

De „sehr geehrten Mitbürger"
van Brokdörp weern ganz blied.
En Geldsack wull hör Naber weern.
Nu ist dat al so wiet.
Dat Dartig-Hektar-Areal
krääg erst mal'n Drahtverhau
un Werkschützers un Polizei.
För'n Kraftwark geiht dat gau.
> In Brokdörp an de Elv,
> in Wyhl un Esenshamm
> – dat dröövt wi nich vergäten.
> Dar mööt't wi gegen an.

Mit Rieders un mit Hunnen un
mit Water un Chemie.
De „sehr geehrten Mitbürger"
vergäät't de Stünnen nie.
De Brokdörpers hebbt demonstreert:
Atom is uns nich recht!
De Polizei hett't utprobeert:
Chemie-Sprütt is nich schlecht.
> In Brokdörp an de Elv,
> in Wyhl un Esenshamm
> – dat dröövt wi nich vergäten.
> Dar mööt't wi gegen an.

Den darteinsten Novemberdag
– den Dag vergäät't se nie.
De atomare Polizei
sprütt Tran'ngas un Chemie;
un de Minister Stoltenberg
schellt över den Protest
van dartigdusend Minsken
gegen atomare Pest.
> In Brokdörp an de Elv,
> in Wyhl un Esenshamm
> – dat dröövt wi nich vergäten.
> Dar mööt't wi gegen an.

De Lüü schüllt fein na Huus hengahn.
De Fräden is van Not.
In Brokdörp schall en Kraftwark stahn.
Ja, rot vör Wut is männich een.
Begriept dat! Ist dat klar?
Nümms scheert sik üm den Ümweltschutz.
Uns Land is in Gefahr.

> In Brokdörp an de Elv,
> in Wyhl un Esenhamm
> – dat dröövt wi nich vergäten.
> Dar mööt't wi gegen an.

Dat Blömenleed van Grohnde

Schandarms, so weert Ji nöömt, hört mal to, hört mal to;
Schandarms, so weert Ji nöömt, hört mal to;
Schandarms, so weert Ji nöömt,
wenn wi uns mal upböömt
un Ji van Plichten dröömt.
Hört mal to.

Wat's recht un wat verkehrt na't Gesetz, na't Gesetz?
Wat's recht un wat verkehrt na't Gesetz?
Wat's recht un wat verkehrt?
Is Gewalt denn wat wert,
dat dat Volk dat Bangen lehrt
na't Gesetz?

Uns Grundgesetz is goot för den Staat, för den Staat.
Uns Grundgesetz ist goot för den Staat.
Uns Grundgesetz is goot,
man seehgt Ji'n beten rot,
denn denkt Ji an den Not-
stand van'n Staat.

Schandarms, nu gaht na Huus, weest so goot, weest so goot;
Schandarms, nu gaht na Huus, weest so goot,
Schandarms, nu gaht na Huus
un günnt Jo mal een Ruus.
Wi schenkt Jo'n Blömenstruuß,
de is rot.

De Garlstedt-Song

Wor hest so moij üm wään, mien Jung?
Wor büst du wään mit Slips un Hoot?
Wor hest so moij üm wään, mien Jung?
in d'Heid bi Garlstedt harrn wi Not.
> Wor ik wään bün, schust du mal wään,
> denn harrst du nich mehr so veel Moot;
> wat ick sehn hebb, schust du mal sehn:
> In d' Heid bi Garlstedt harrn wi Not.

Wi hebbt uns wehrt, hebbt rebelleert.
Wi schräwen uns de Fingers rot
un hebbt noch haapt, dat nix passeert.
In d' Heid bi Garlstedt geiht't nich goot.
> Wor ick wään bün, schust du mal wään,
> denn harrst du nich mehr so veel Moot;
> wat ick sehn hebb, schust du mal sehn:
> In d' Heid bi Garlstedt geiht't nich goot.

De Geest, de Wald, dat Heidemoor,
de Enzian, de Orchidee –
Mit Panzers kriegt se allens kloar:
de Läernacks van Översee.
> Wor ick wään bün, schust du mal wään,
> denn harrst du nich mehr so veel Moot;
> wat ick sehn hebb, schust du mal sehn:
> In d' Heid bi Garlstedt seehg ick rot.

Wu weer dat doch mit Helsinki?
Atom un Panzers? – Weest so goot:
Schall Fräden wään – Dar helpt uns bi!
In d' Heid bi Garlstedt luurt de Dood.
> Wor ick wään bün, schust du mal wään,
> denn harrst du nich mehr so veel Moot;
> wat ick sehn hebb, schust du mal sehn:
> In d' Heid bi Garlstedt luurt de Dood.

De Tanker

De Flagge van Liberia,
dat Öl van den Konzern:
en Tanker leep up Grund vandaag.
Verdammt, dat hebbt wi geern!
Se seggt dat allns versäkert is,
dar kunn nich veel passeern,
un meent dat Schipp un den Profit.
Verdammt, dat hebbt wi geern!

Un breckt so'n Schipp mal midden dör:
Dar schust Di nich üm kehr'n.
Denn geiht doch allens sienen Gang.
Verdammt, dat hebbt wi geern!
Kiek an, so eenfach geiht dat nich.
Wi mööt't noch ganz veel lehr'n:
Dat allns up d' Welt sien'n Amtswegg geiht.
Verdammt, dat hebbt wi geern.

Wenn't Not deit, geevt se Öl-Alarm
un Möwen mööt't krepeern.
De Fisk verreckt. De Strand verdreckt.
Verdammt, dat hebbt wi geern!
Denn stinkt dat so an'n Nordseestrand.
Denn schämert't bunt van Feern.
Denn kriegt wi Öl! Hurraa! Hurraa!
Denn dankt wi den Konzern.

Wahrt Jo!

Crildumersiel liggt an de Jaa.
Dar is dat schön. Dat weer doch schaa,
wenn dar tomal so'n Kraftwark stunn,
so een, wat ganz fix bröden kunn.
De Kernphysikers sünd nich dumm.
Se schenkt uns Land Plutonium.
De Plan liggt al parat,
man noch is nix to laat.

Crildumersiel liggt an de Jaa.
Dar ist dat schön. Dat weer doch schaa ...
In Wyhl, dat weer de Nummer Een,
un Brokdörp, dat weer Nummer Twee,
un Dree, Veer, Fiev un Nummer Seß.
De willt ja blots uns Allerbest.
De Plan liggt al parat,
man noch is nix to laat.

Crildumersiel liggt an de Jaa.
Dar is dat schön. Dat weer doch schaa ...
So'n Drahtverhau kummt över Nacht.
Nu wahrt Jo, Lüü, un geevt goot acht,
Dat dar tomal kien Kraftwark steiht,
so een, wat ganz fix bröden deit.
De Plan liggt al parat,
man noch is nix to laat.

Denn dat Woort alleen helpt nich

För all dat un all dat

Is dar för ehrlich arm Lüü Grund,
in d' Knee to gahn un all dat?
Süx sliem'rig Slaawen möögt wi nich.
Wi troot uns dat för all dat.
För all dat un all dat,
bi d' Knoijeree un all dat.
De Rang ov Stand is uns nix wert,
man'n Mann is'n Mann för all dat.

Wenn wi ok Huusmannsköst blots äät't,
gries Linnen draagt un all dat.
Laat d'Aap sien Sied, gääv Junkers Wien.
En Mann is'n Mann för all dat.
För all dat un all dat.
Hör Prahlen, Prunk un all dat.
Bi'n armen Mann findst d' Toverlaat.
He is dien Baas för all dat.

Ji seehgt den Prahlhans, dissen Herrn:
stolzeert un glotzt un all dat,
un veel Lüü glöövt hüm elk een Woort.
En Aap blifft he bi all dat.
Bi all dat un all dat,
sien Ordensband un all dat.
En frejen Mann mit frejen Sinn
lacht minnachtig bi all dat.

En Prinz maakt sück en'n Panzerknecht,
Markie un Graf un all dat.
Well stolt blifft un is manns genoog,
blivt free van dit un all dat:
Van all dat un all dat,
van Adelsstolt un all dat,
denn fasten Sinn is allens wert,
tellt mehr as Rang un all dat.

Willt bäden, dat dat kamen mag,
as't kamen moot för all dat.
Denn sett't sik dör up d' ganze Eer:
de Sinn, uns Wert un all dat.
För all dat un all dat,
so kummt dat doch för all dat,
dat Minsken van de ganze Welt
ok Bröers weert för all dat.

En groote Kunkelee

En groote Kunkelee is dit saubere Speel:
Kiesinger mit Brandt,
denn Brandt un Scheel.
Van Fräden mööt't se reden, man rüsten doot se veel:
Kiesinger mit Brandt,
denn Brandt mit Scheel.
   Macht hebbt se geern.
   Schull wat passeern:
   In de Eifel steiht en Bunker
   för de hogen Herrn.

En groote Kunkelee: mal up un mal daal:
Genscher eerst mit Schmidt,
denn Genscher mit Kohl.
Wenn d' Mehrheit stimmen deit, denn bruukt se ok kien Wahl:
Genscher eerst mit Schmidt,
denn Genscher mit Kohl.
   Macht hebbt se geern.
   Schull wat passeern:
   In de Eifel steiht en Bunker
   för de hogen Herrn.

En groote Kunkelee, well in'n Bundesdagg sitt:
Ov Kohl, ov Schmidt,
disse Genscher geiht mit.
Ganz egal, wat dar passeert. De Weste, de blivt witt.
Ov Kohl, ov Schmidt,
disse Genscher geiht mit.
   Macht hebbt se geern.
   Schull wat passeern:
   In de Eifel steiht en Bunker
   för de hogen Herrn.

En groote Kunkelee, de dat besluten dee:
Kruus-Misseil, Pörsching Twee –
Segg: Nee! Nee/ Nee/
Well wenig hett, schall sparen. Rüsten, Rüsten is Okay!
Kruus-Misseil, Pörsching Twee –
Segg: Nee! Nee! Nee!
   Macht hebbt se geern.
   Schull wat passeern:
   In de Eifel steiht en Bunker
   för de hogen Herrn.

So weer dat un so bleev dat: disse groote Kunkelee:
Kruus-Misseil, Pörsching Twee –
Segg: Nee! Nee! Nee!
Alltiet snippeln se an't Grundgesetz, wenn d' Mehrheit stimmen
Kruus-Misseil, Pörsching Twee –
Segg: Nee! Nee! Nee!
       Macht hebbt se geern.
       Schull wat passeern:
       In de Eifel steiht en Bunker
       för de hogen Herrn.

Carl von Ossietzky (nach einer zeitgenössischen Zeichnung); als Häftling Nr. 562 im KZ Esterwegen (Seite 83); das KZ in Esterwegen (Seite 84). Fotos: Archiv Universität Oldenburg / Johann P. Tammen.

Dat Leed van den Häftling Nr. 562
(ov: Gegen Unrecht harr he sträden)

En halv Dusend
un fief Dutzend
un denn noch
twee mal Een.
Kind, mien Kind,
tell dat tosamen,
denn hest de Tahl,
de ik meen.

Is en Tahl blots,
is en Tahl blots.
Schriev se up.
Kind, hest sehn?
Disse Tahl,
dat weer de Nummer,
weer de Nummer,
de ik meen.

Weer en Nummer,
blots en Nummer.

Van ganz veel
weer't man een.
So veel Nummers
up de Jacken
van de Minsken
de ik meen.

Weren Minsken,
insperrt Minsken.
Hitler harr't
Regiment;
man se glöwen,
wat se glöwen,
– foltert, slaan, ver-
gast, verbrennt.

Männich Christ un
Kommunisten,
Sozial-
demokrat,
Jöden, Zentrum,
Pazifisten:
„Schutzhaft", KZ,
Moorsoldat.

In't KZ van
Esterwegen,
– Kind, nümms kann't
nu verstahn! –,
hebbt se Carl von
Ossietzky
elennig to-
samenslaan.

Nägn-tein-hun-nert-
acht-un-dar-tig,
veerten Mai
in Berlin:
ünner Upsicht
van d' GeStaPo
schräwen se sien'n
Dodenschien.

Fief-hun-nert-un-
twee-un-seß-tig
weer sien Num-
mer mal wään.
Den Nobelpries
för den Fräden
krääg de Häftling,
de ik meen.

Gegen Unrecht
harr he sträden.
Mien Kind, ver-
gäät dat nich:
Waak wään, handeln
för den Fräden,
denn dat Woort al-
leen helpt nich.

Ik sing

Ik hebb den Maandagg affbestellt
un all de griesen Daag.
Nu schall blots alltiet Sönndag wään.
All Minsken up de Welt
schüllt Hand in Hand hör Arbeit doon,
un blots de Wahrheit tellt.

Wenn dar well seggt, ik drööm to veel
un Drömen is nich goot;
wenn ik mi kien Gedanken maak,
weer ik mien Drömen los.
Harr ik kien Angst, harr ganz kien'n Wunsch,
weer ik mien Drömen los.

Ik sing, dat Sünnenblömen bleuht,
ok in de Düsternis.
In elk een Fenster schüllt se stahn,
dat sik de Minsken freut.
Laat't Döör'n un Fensters apen stahn,
dat Gröön un Hapen greut.

Ik sing, bit nümms mehr twieweln deit,
bit Minsk den Minsk vertroot,
so as de Buer den natten Grund,
wenn he sien Koorn anseit,
ov as de Saat den warmen Wind,
de över Ackers geiht.

Ik sing för Mann, för Fro un Kind,
ok in de gröttste Not.
Ik sing, bit nümms mehr swiegen moot,
wenn he den Naber findt.
Ik sing, bit Minsken sik vertroot
un free van Lögen sünd.

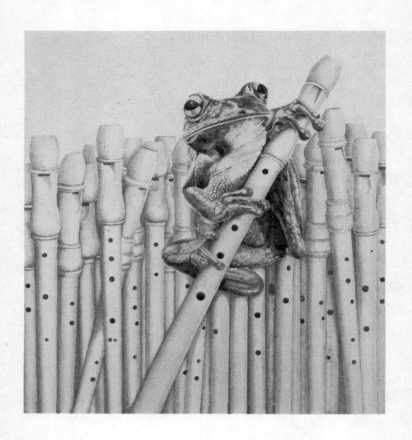

Dat is't, wat ik meen

Sünner-Martens-Abend

Wenig Geld un ganz veel Smacht,
mager Köst to äten.
Luchten dragen dör de Nacht.
Nümms schull dat vergäten:

Vader harr sien Arbeit daan,
muß dat Brot verdenen,
kunn vandaag na Huus hengahn,
so as Herrschaft menen.

Well dat Geld harr un de Macht,
kunn't vandaag verlangen:
Stüern, Tinsen un de Pacht.
Well nix harr, muß bangen.

Vader harr sien Arbeit daan.
Well wull hüm nu kopen?
Kinner mussen bädeln gahn:
Kipp-Kapp-Kögel-Lopen.

Kipp – Kapp – Kögel,
Sünner – Martens – Vögel.

De Jarbuck

Stunn gräsig veel Grönkohl
up Janssen sien Acker.
Stunn gräsig veel Grönkohl
in Janssen sien Tuun.
Un Jarbuck, arm Jarbuck,
van'n Heergott vergäten,
un Jarbuck, arm Jarbuck
harr bold nix to'n Äten.
Stunn gräsig veel Grönkohl,
Un Janssen weer duun.

Dar klau Jarbuck Grönkohl
van Janssen sien'n Acker.
Dar klau Jarbuck Grönkohl
ut Janssen sie'n Tuun.
Un Jarbuck, arm Jarbuck,
van'n Heergott vergäten,
un Jabuck, arm Jarbuck
harr Grönkohl to'n Äten.
Stunn gräsig veel Grönkohl.
Un Janssen weer duun.

Stunn gräsig veel Grönkohl
up Janssen sien Acker.
So klau Jarbuck Grönkohl.
Dat seehg de Schandarm.
Oh, Jarbuck, arm Jarbuck!
Erst leet he hüm äten.
Oh, Jarbuck, arm Jarbuck!
Denn hett he hüm gräpen.
Stunn gräsig veel Grönkohl.
Un Janssen weer duun.

Heer Schutzmann, ick klau doch
kien'n Grönkohl van'n Acker!
Ick klau doch kien'n Grönkohl
ut Janssen sien'n Tuun!
De Maand, de schall nie
mehr över mi schienen!
Ick swöör! so reep Jarbuck,
un Janssen muß grienen.
Weer allens sien Grönkohl.
Un Janssen weer duun.

Steiht gräsig veel Grönkohl
up Janssen sien'n Acker.
Steiht gräsig den Jarbuck
siet de Tiet in'n Maand.
Dar luurt he an'n Häben,
van'n Heergott vergäten.
Hett logen, den Jarbuck,
un wull man blots äten.
Steiht gräsig veel Grönkohl.
Un Janssen is duun.

An't Water

De Oll, de leep noch achtern Ploog,
hett Meß street, ackert, seit.
Bi't Arnten harr he Volk genoog:
dree Jungens un de Maid.
Dat leep man so. Wat hebbt se lacht!
Wat quark de Porg in d' Sömmernacht
an't Water bi de Weid!

En Traktor treckt vandaag den Ploog,
Maschinen ackert, seit
un street Chemie up't Land un in
dat Water bi de Weid.
Wenn't Geld man stimmt, is allns in Lot.
Kien Porgen quarkt, is allens doot
in't Water bi de Weid.

De Oll, de leep noch achtern Ploog.
Sien Land: sien Sörg, sien Glück.
De Söhn, de hett nu Geld genoog,
verköfft dat Stück för Stück,
denn Booland bringt hüm veel Gewinn.
De Stadt kruppt in sien Land herin
an't Water bi de Weid.

En Wachmann van d'Chemiefabrik,
de harr mal Buer lehrt.
Sien stolten Plaats leeg achtern Diek.
De is nu nix mehr wert.
De Wachmann hett in d'Sömmernacht
an Plaats, an Ploog, an Porgen dacht
an't Water bi de Weid.

De Windmöhlen

Vergahn sünd de Daag, da weer d'Welt noch veel jünger.
d'Minsk bruuk noch den Wind, den Wind för sien Wark:
Seevolk maakt Scheep un seil över't Water;
Landvolk boo Windmöhl'n un mahl sik dat Koorn.

Rund ümto, rund ümto gung'n de Flögels,
dreih'n sik de Bööm un de groot holten Röö.
Gnarren un Kraken : – de Möhlensteens dreih'n sik,
mahlen to Mehl dat riep Koorn van't Feld.

In Flandern, in Spanien, in Holland un Dütschland,
up dat Eiland van England, van Schottland un Wales:
Windmöhlen wussen an'n Strand, wor de Wind weih,
stolt Scheep up't Land mit hör groot linnen Seils.

Rund ümto, rund ümto gung'n de Flögels,
dreih'n sik de Bööm un de groot holten Röö.
Gnarren un Kraken : – de Möhlensteens dreih'n sik,
mahlen to Mehl dat riep Koorn van't Feld.

Möhlen so old, dat Holt gries van'n Rägen;
Möhlen van Steen schämert witt in de Sünn;
Möhlen as Riesen – alltiet an't Warken,
Möhlen sünd stürben in'n Störm un sünd gahn.

Rund ümto, rund ümto gung'n de Flögels,
dreih'n sik de Bööm un de groot holten Röö.
Gnarren un Kraken : – de Möhlensteens dreih'n sik,
mahlen to Mehl dat riep Koorn van't Feld.

Wat ik meen

Gah mit mi dör't Land,
denn gaht wi alleen
un köönt uns ganz still
dit Land ansehn:
de Warfen,
de Möhl,
de Weiden – so gröön;
dat is't, wat ik meen,
dat is't, wat ik meen.

Kummst du van de Stadt,
gah över de Klamp
un denn up dat Padd
liekut dör't Land.
De Kiewitt,
de röppt,
un Keuh kannst du sehn;
dat is't, wat ik meen,
dat is't, wat ik meen.

Denn gah up den Diek
un kiek na de Floot.
Mag kamen, well will, –
tohoop sünd wi groot.
Wenn Not is,
faat an!
All sünd wi denn een;
dat is't, wat ik meen,
dat is't, wat ik meen.

Alltiet jaagt wi achter
Swarms van Herings

Güntsiet van d'Sandbank

Ik seehg den Abendsteern.
Mien Schipp dreev dör den Priel.
Dar reep mi wat van Feern.
Ov weer dat blots de Kiel?
De Sandbank kunn't nich wään,
de stöhnen dee un reep,
as ik up't Schipp alleen
jüst na de See utleep.

As wenn dat Water sleep:
mööj, sünner Schuum un Ruus;
wat jüüst na See henlopen weer,
dreev nu al weer na Huus.
Dör't Schummern klung ganz sacht
van Land her Klockenslaan;
denn keem de swarte Nacht.
Ik muß na See hen gahn.

Man draagt mi mal de Floot
na güntsiet naderhand,
ik glööv, dar is dat goot,
denn up de anner Kant
is säker allens licht;
dar seehg ik free un blied
den Lotsen sien Gesicht;
– güntsiet van Wegg un Tiet.

As Dag un Nacht sik drepen

As Dag un Nacht sik drepen,
un achtern bi den Boom
de langen Schadden slepen –
sietaf van Diek un Stroom,

as Dag un Nacht sik drepen,
klung't bang dör Daak un Stoom.
Weern't Ganters, de so repen,
so bang, as weer't in'n Droom?

As Prielen leddig lepen,
de Stroom na See to dreev,
dat se tosamenkröpen
un blots en Schadden bleev, –

well weern dat de so repen?
De Schipper un sien Fro?
As Dag un Nacht sik drepen, –
de See deck allens to.

Up Di

Nu bring mi gau en'n Buddel Wien
un gäät mi wat in mienen Bäker,
dat ik noch drink: Up Di, mien Leevst,
up dat, wat wi vannacht versproken.

Dat is sowiet. Ik mutt an Boord.
De Wulken drievt. De Störmwind reert.
Dat Schipp bringt mi in't frömde Land.
Mien Leevst, denn schall ik Di verlaten.

Luut röppt dat Hoorn. Se hißt de Flagg.
Gewehren blinkt in lange Riegen.
De Larm van'n Krieg klingt van wiether.
Wat schall denn all dit Minskenmoorden?

Ik bün nich bang för't frömde Land.
Ok Störm lett mi vull Angst nich luurn.
Man disse Krieg. – Man disse Krieg!
Mien Leevst, nu schall ik Di verlaten.

De Walfangeree

Wi dröövt nich blieven hier an Land.
Uns Schulden sünd to groot.
So stüürt wi nu up Grönland to
– för Geld, wat nümms mehr hett, brave boys,
för Geld, wat nümms mehr hett.

Achteinhunnertunveerundartig weer't,
an'n söb'nuntwintigsten März,
dat wi hissen de Flaggen up de Topp van den Mast,
un up Grönland stüürn wi to, brave boys,
up Grönland stüürn wi to.

Uns Mann in'n Utkiek stunn an'n Mast,
holl dat Fernrohr in sien Hand.
,,Is en Wal, is en Wal, oh, en Wal!" reep he dar,
,,un he blaast, he blaast ümmer weer!" reep he,
,,un he blaast, he blaast ümmer weer!"

Uns Käpten leep up dat Achterdeck,
un dat Ies weer in sien Oog.
,,Maakt Jo klaar!", reep he dar, ,,An Jo Davits Taljen-Tau!
To Water laat't dat Boot, brave boys,
to Water laat't dat Boot!"

To Water weer't Boot mit de Lüü dar in,
un de Wal weer goot to sehn.
Vull Moot, vull Stolt weern de Walfangers bold.
,,Slaat to mit d'Harpuun, wenn he blaast, brave boys,
slaat to mit d'Harpuun, wenn he blaast!"

Zack! De Harpuun seet, un dal sack de Wal,
un denn hau he mit den Steert.
Man dar gungen twee Mann bi över Boord.
Nie mehr Grönland för Jo, brave boys,
Wi kräg'n dissen Wal nich noch mal.

As de Käpten höör: Twee Mann bläwen up See,
dar dee hüm't Hart so seer;
man as he höör, dat de Wal utneiht weer,
da wurr Halvmast flaggt an Boord, brave boys,
da wurr Halvmast flaggt an Boord.

De Wintersteerns weern al to sehn.
,,Laat't uns Anker lichten, dat wurd Tiet!
Hoolt dal un staut dat Gaffelgeer!
Un wi stüürt van Grönland weg, brave boys.
Wi stüürt van Grönland weg.''

Oh, dit Grönland is en gräsig Stää!
Nich länger blievt wi dar,
wenn de Ieswind weiht, wenn de Wal weggeiht,
un denn kummt de lange Nacht, brave boys,
denn kummt de lange Nacht.

Swarms van Herings

Mit uns Fiskernett, so seilt wi
up de ruge, rieke See;
dar deep up den Grund hebbt wi veel arndten kunnt – uns Brot.
Alltiet jaagt wi achter Swarms van Herings.

Dat weer an so'n moijen, wunnerbaren Dag.
Da föhr ik na See to van'n Haben Yarmouth.
Schippsjung weer'k man eerst up en Sailing-Logger,
föhr mit up de Jagd na Swarms van Herings.

Oh, dat Wark weer stuur un de Stünnen lang.
Wu se mi behanneln! Swoor muß ik dat dragen.
Bold kien een weer fründlich. Männich Foottr ää krääg ik.
Föhr mit up de Jagd na Swarms van Herings.

Netten vull bi Swarth un bi Broken Bank.
Ik weer Smuutje mit en gode Hüer.
Affmarachd un möj. Slapen kunn'k in'n Stahn.
Un denn drööm ik van de Swarms van Herings.

Wi weern al up grote Fahrt siet Junimaand.
Dar bi Canny Shields schulln wi bold seilen.
Hunnertdusend Stück van de sülvern Darlings,
de wi fungen ut de Swarms van Herings.

Nu steihst du an Deck, büst en Fischersmann,
kannst nu schell'n un di as Mann bewiesen,
steihst dien Törn up Wacht mit de anner Seelüü,
wenn ji utkiekt na de Swarms van Herings.

In den Wind, den Störm, in de ruge See,
blots för'n beten Hüer un satt to Äten;
van de Dover Straat na de Faroe Eilands,
alltiet jaagt ji achter Swarms van Herings.

Oh, ik holl veel ut. Lehrgeld hebb'k betahlt.
Eenzigst, wat mi bleev: an't Lief mien Öltüüch.
Seil Millionen Meils, tein Millionen Darlings,
de wi fungen ut de Swarms van Herings.

De Glatzkopp ut Glasgow

De Glatzkopp ut Glasgow
hett gleunige Ogen.
Vandaag is he König,
de König van'n Strand!
He truck doch den swoorsten,
den fettsten, den dicksten,
den gröttsten,
den gräsigsten Haifisch an Land.

De Glatzkopp ut Glasgow
spendeert nu den Whisky.
Uns König schall läwen!
Uns König, de kannt!
He truck doch den swoorsten,
den fettsten, den dicksten,
den gröttsten,
den gräsigsten Haifisch an Land.

De Glatzkopp ut Glasgow
versuppt nu sien Sörgen:
Kien Geld un kien Utsicht
up Arbeit in't Land.
He truck doch den swoorsten,
den fettsten, den dicksten,
den gröttsten,
den gräsigsten Haifisch an Land.

Up Samos, dar geev dat veel Wien

Dree Hexen

En Tweemasterschipp, dat harr Samos as Fracht.
Jan Stüürmann harr drunken. Dat spöök in de Nacht.
Dree Stimmen hör Stüürmann, de snacken verdreiht:
Dree Wiewer, de menen, dat't Schipp ünnergeiht.
      Up Samos, dar geev dat veel Samos.
      Up Samos, dar geev dat veel Wien.

Un een van de Wiever meen: Ik wüß woll'n Rat.
Oh, Stüürmann, nu hör, anners is dat to laat!
Kummt Störm up, dree Bräkers, de köönt ji bestaan:
Mit d'Äxt erst, mit d'Saag denn, mit d'Hamer inslaan!
      Up Samos, dar geev dat veel Samos.
      Up Samos, dar geev dat veel Wien.

Jan Stüürmann reep: Schipper, ik kreeg wat in d'Künn!
Retour fahr ik blots mit, wenn ik Schipper bün.
All heerhör'n! reep d'Schipper. Wi stääkt nu in See!
Jan Stüürmann is Schipper nu! Allens okay?
      Up Samos, dar geev dat veel Samos.
      Up Samos, dar geev dat veel Wien.

De Störm keem. Jan Stüürmann reep: Äxt in de Hand!
Harr he nu dat Fewer, of harr he en'n Brand?
As't Seewater över de Decksplanken dreev,
dar hau een mit d'Äxt mank. Dat ganze Schipp bääv.
      Up Samos, dar geev dat veel Samos.
      Up Samos, dar geev dat veel Wien.

Dat Seewater farw sik. Dat Deck weer ganz rot.
Se fragen Jan Stüürmann: Is't Rotwien? Is't Bloot?
Holl't Muul! bölk Jan Stüürmann, un: Saag in de Hand!
Nu hau mank den Bräker! Reent Reemtsma, de kann't!
      Up Samos, dar geev dat veel Samos.
      Up Samos, dar geev dat veel Wien.

Weer allens vull Bloot nu. De Störmwind, de reer.
De Schippsjung wurr seekrank. He kunn woll nich mehr.
Hollt ut! reep Jan Stüürmann: Den Hamer to Hand!
Well nu nich mehr dörhollt, kummt nie mehr an Land!
      Up Samos, dar geev dat veel Samos.
      Up Samos, dar geev dat veel Wien.

En Bräker! De Holthamer dönner dar mank.
Dat Deck harr en Lock van en dörbroken Plank.
De Störm flau fix af, un Jan Stüürmann, de lach:
He, Schipper, schenk Wien ut! Wi fiert den Dag!
      Up Samos, dar geev dat veel Samos.
      Up Samos, dar geev dat veel Wien.

So drunken se Wien van den Schipper sin Fracht.
Jan Stüürmann vertell van den Spöök in de Nacht.
De Schipper dreih dör nu. Nümms kunn hüm noch redd'n.
Sien Fro un hör Süsters leg'n lahm in de Bedd'n.
      Up Samos, dar geev dat veel Samos.
      Up Samos, dar geev dat veel Wien.

De Schipper reep: Düwel, so lehr ik jo kenn'n!
Leet Fro un de Süsters as Hexen verbrenn'n.
Jan Stüürmann kreeg Halvpart van'n Schipper sien Fracht.
Wenn d' Schipper noch läwt, Lüü, denn nehmt jo in acht!
      Up Samos, dar geev dat veel Samos.
      Up Samos, dar geev dat veel Wien.

Dat Leed van den Schipper Luuts

Dar weer mal en Schipper up Wangeroogh,
un Luuts weer sien Naam, Luut Luuts weer sien Naam.
In't Vörjahr weer't. To'n eersten Mal
wull he weer up Schillfang utfahr'n.

He nehm sienen Seesack un leep na'n Strand.
En Wiev keem tomööt, wat Unglück bedütt.
He dreih sik üm, gung weer na Huus
un luur bit to'n annern Dagg.

So wull he an Boord gahn den annern Dagg.
En Wiev keem tomööt, wat Unglück bedütt.
He dreih sik üm, gung weer na Huus
un luur bit to'n annern Dagg.

Den darden Dagg meen Luut Luuts an sien Fro:
Tweemal keem mi al en Wiev in de Mööt.
Ik wull an Boord, man gung na Huus
un luur bit to'n annern Dagg.

Dree Nachten hebb'k dröömt, dat'k in't Water fall
un mi fritt de Krabb, un mi fritt de Würm.
Ik glööv, dit is mien leßde Fahrt.
He sleek sik bi Nacht an Boord.

So kunn denn de Schipper van Wangeroogh
up Schillfang utfahr'n. Harr twee Lüü an Boord.
Acht Daag up See. Denn keem de Störm.
Dat Schipp kreek en Lock, en Leck.

Se setten de Joll ut un kunnen sik redd'n:
de Schipper van Wangeroogh un sien Lüü.
En Bräker keem. De greep na hüm.
Luut Luuts verdrunk in de Floot.

Dat weer disse Schipper van Wangeroogh:
Luut Luuts weer sien Naam. Luut Luuts weer sien Naam.
In't Vörjahr weer't. To'n eersten Mal
weer he weer up Schillfang utfahr'n.

Luters Fauk

Dit is de Geschicht van den Luters Fauk,
den Schipper van Wangeroogh.
Sien Schipp leeg an't Bullwark för Minsen,
mit Fracht; un lang Luurn, dat köst Tinsen.
An'n Sönndag weer't.
He keem van d'Kark
van Minsen halv duun up sien Schipp.

An'n Abend, dar susen se över dat Watt:
twee Wiewer van Wangeroogh,
van'n Heergott verlatene Seelen,
de räden up Bessensteelen
mit roden Rock,
mit swatte Haar,
so swatt un so stief as van Pick.

Se räden vörbi bi den Luters Fauk.
He stunn up dat Deck van't Schipp.
,,Hej, Wiewer up Bessensteelen!
Siet dree Dag luur ik un wull seilen!
Mien Fracht, de moot
na Amsterdam.
Hej, Wiewer, nu maakt mi mal Wind!"

Dar anter dat Wief mit de langen Been:
,,Dat köönt Ji kriegen, Kaptein.
Gaht achtern up d'Eck van den Diek hen
na't Hörn, wor ik Wief all de Strüük kenn.
Riet't af van'n Boom
den darden Twieg.
Denn kaam ik un will dar up speen!"

Dat dee Luters Fauk för so'n beten Wind,
un glööv: de Wiewer, de spinnt.
Gung achtern up d'Eck van den Diek hen
na't Hörn, wor dat Wief all de Strüük kenn,
reet van den Boom
den darden Twieg.
Denn keem se un wull dar up speen.

Se spee dar denn up, un denn segg se hüm:
„Verstääk den Twieg up dien Schipp."
En Wind keem up. Fauk kunn nu seilen.
Twee Wiewer up Bessensteelen
mit swatte Haar,
mit lange Been
– tomal weer'n se nich mehr to sehn.

Twelf Stünnen seil he na Amsterdam,
twelf Stünnen wedder retour.
Karnalljen, Kattuulen, Garnailen!
Wat kunn disse Luters Fauk seilen!
Grasgröön de See.
Dat suus. Dat bruus.
An't Bullwark vör Minsen en Ruus.

He sleep in de Koje. Dar reep hüm en Katt:
„Fauk! Fauk! Luters Fauk! Fauk! Fauk!
Ji mööt't nu den Twieg gau verbrennen.
Dar latt't wi't denn erst mit bewennen."
Dar stunn he up,
verbrenn den Twieg.
Hell flacker dat Lucht över't Watt.

En paar Daag later seil he mal na Huus,
de Schipper van Wangeroogh.
Wat wull he to Huus denn woll finnen?
Dat maak Luters Fauk ganz van Sinnen!
Sien Süster un
sien Swägersche,
de luren in't Bett up den Dood.

Dat weer de Geschicht van den Luters Fauk,
den Schipper van Wangeroogh.
Sien Schipp leeg an't Bullwark för Minsen,
mit Fracht; un lang Luurn, dat köst Tinsen.
An'n Sönndag weer't.
He keem van d'Kark
van Minsen halv duun up sien Schipp.

Adelheid de Waternix

Achter Strüük un Gröhnkohlstrunken
– anners geev't in Minsen nix –,
seet an'n Meetsloot sluckbedrunken
Adelheid de Waternix.

Duun, dat weer dat gröttst Vergnögen
van dat Minsner Waterwief.
Nöchtern wull s'sik nich so högen
mit hör Fisksteertünnerlief.

Bi hör leeg Herr Stüürmann Hanken
– nett so duun! He leeg up d' Rügg.
„Seewief, bring mi – up de – Planken
na de – Minsner – Bullwarksbrügg!"

„As ji meent, Herr Stüürmann Hanken."
fleut vernöchtert Adelheid.
Nöchtern kreeg se Moordsgedanken.
Markt Ji, wor de Wind heer weiht?

Ja, de Wind weiht veel van Noorden.
Hanken läwt al lang nich mehr;
man de Welt is vull van Moorden.
Dar kann Adelheid nix för.

De Fürst dröömt van Victoria

Laway – Laway: 1765 oder Wat bedütt dat?

Das Thema hat Oswald Andrae zehn Jahre und länger beschäftigt: De Diekers. Lokale Geschichte aus der Sicht der Betroffenen. „Well schreev wat över de velen Minsken, de van de hogen Herrschaften minnachtig ‚dat minner Volk' nömt wurrn? Wor steiht wat över uns Arbeiders? Wor steiht wat över de Diekers? Dat bi uns an'n Diek al in't söbenteinst Jahrhunnert de ‚geringen Lüü' in hör Not üm Äten un Geld so veel Stolt un Couraasch wiest hebbt, dat se all mitnanner dör Laway de Herrschaft Jever darto dwungen hebbt, dat se mehr Geld krägen för hör Knoijeree, dat willt wi nich vergäten!"

So vertiefte Andrae sich in den Stoff, sammelte Material, schmökerte in Chroniken, stellte Fragen – und stolperte schließlich über das Schlüsselwort: Laway!

„Laway? Wat bedütt dat? Seggt wi nich faken: Nu maak man nich so'n Lawai? Un denn meent wi, he schall nich so'n Gedoo an sik hebben, schall nich so'n Larm maken, so'n Upstand, wu'n ok seggt. In en ganz oll plattdütsch Wöerbook ut Ostfreesland bedütt ‚Lawei uppstäken' so veel as dat Teken to'n Fierabend upstäken, un ok: en Arbeid, de'n annahmen hett, wedder instellen. Wenn de Diekers mehr Geld hebben wullen för hör stuur Wark, denn stääk well de Lawayfahn up un all Lüü smäten hör Reetskup hen. Nümms de mehr een'n Handslaag. Un denn – leten se mit sik verhanneln. Man männich Mal wurr dar nix van. Denn kemen Suldaten. Streik seggt'n dar vandaag to."

1765 hatte der Siebenjährige Krieg (1755–1762) den damaligen Herrscher des Jeverlandes, Friedrich August von Anhalt-Zerbst, soviel Geld gekostet, daß die Staatskasse leer war. Wen oder was sollte er auspressen? Die Neulandgewinnung durch Eindeichung war damals ein einträgliches Geschäft für die Landesherren. 1698, bei der Eindeichung des 297 Hektar großen Sophiengrodens, waren bereits nach zwei Ernten 90 Prozent der von der fürstlichen Regierung aufgewendeten Deichbaukosten wieder eingenommen worden.

Oswald Andrae bündelte seine Fragen: „Wat harrn wi denn lehrt fröher in de School? Well wenneer regeert hett; well wenneer Krieg maakt hett; well wenneer un bi well inheirat't hett – Geld keem bi Geld. Macht keem bi Macht." Und in monatelanger Zusammenarbeit mit dem Sänger und Liedermacher Helmut Debus entstand Stück für Stück ein umfangreicher Lieder-Zyklus: „Dat Leed van de Diekers". Für den Funk wurde der Stoff zum Feature umgearbeitet und von Radio Bremen im Heimatfunk gesendet. Neue Lieder entstanden, neue Fakten tauchten auf. Andrae: „Mi leet dat nich los. Ik wull dat nu ganz genau weten. Wäkenlang seet ik Abend för Abend mit'n Vergrötterungsglas över de oll Handschriften, schrääv dat aff mit d'Schrievmaschin un schrääv dar noch mien egen Gedanken mit bi." Der vollstän-

dige Zyklus mit Kommentar erschien auf einer Schallplatte; für das
Oldenburgische Staatstheater entstand als Auftragsarbeit die szeni-
sche Chronik „Laway – Aufstand der Deicher 1765".

„Meesttieds gung dat mit den Diekboo al vör Ostern los. Toerst söken
sik de Herrschaften Arbeidslüü ut, up de na se hör Menen Toverlaat
weer. De wurren denn sowat as vandaag de Vörarbeiders: Püttmei-
sters nöömen se de. De mussen över Land gahn as Warwers, dat se ge-
noog Lüü tohoop krägen („Den Warwer sien Leed", S. 125). Üm
Ostern rüm weer ünner de lüttk Buern un Arbeiders de Not an grött-
sten. De Vörrat weer bold up. Dat Geld weer up. So weren se blied, dat
se Arbeid krägen – un leten sik för wenig Geld anhüern in disse elen-
nige Vörjahrstiet."
Die Erde, die für den Deichbau benötigt wurde, mußten die Arbeiter
außendeichs aus dem Watt graben: ein schweres Stück Arbeit. Vier
Fuß tief mußte der schwere, schwarze Schlick ausgehoben werden. Die
so entstehenden „Pütten" maßen im Ergebnis sechzehn mal sechzehn
mal vier Fuß. Drei Männer standen jeweils an einem „Pütt". Der
Schlick wurde ausgehoben und auf eine Schubkarre geworfen: „Koy-
erarbeit".
Die Karre stand auf doppelten Holzdielen. Über einen einspurigen
Holzdielenpfad mußte die schwere Karre zum Ort des Deichbaus ge-
schleppt werden. Durch Ausweichstellen wurde je nach Länge des
Weges mehrfach unterbrochen. An diesen Ausweichstellen konnte
man die vollen Karren aus der ersten Hand der zweiten Hand überge-
ben, bei längeren Wegen noch einer dritten, vierten, fünften und sech-
sten Hand.
Leere Karren, zurückgebracht zu den Ausweichstellen, konnten somit
gleich wieder zurücktransportiert werden. Eine Unterbrechung der
Arbeit gab es nicht, denn an der „Pütt" stand stets eine leere Karre be-
reit. An der Deichbaustelle standen Frauen und Jugendliche, um die
angefahrene Erde zu verteilen und zu schlichten („Dat Leed van de
Koyerslüü – 1765", S. 126).
Die Unterkünfte waren primitiv. Nur die Aufsichts-, Material- und
Kommandobaracken wurden aus Bretterholz gebaut. Die Hütten für
die „Wüppenleute" und die „Koyerer" bestanden aus Stroh und Reet.
„Un in Friederikenhusen, up't Plaats van Friekenhusen, dar weeren de
hogen Herrn ünnerbrocht, dar geev dat Wien, dar gung dat fürstlich
to."

Bei Interessentendeichen – so ist es nachzulesen – übernahmen beauf-
tragte Unternehmer die „Conditiones". Sie durften auch eigene Mar-
ketändereien halten. Der Deichbauer Anton Günther von Münnich
schreibt in seinem Werk „Vom Deichbau aus betrüglichem Grunde",
daß das Lamentieren der unbezahlt gebliebenen Arbeiter so einen
Stein jammern konnte, ihm oft die Arbeitskraft gelähmt habe, denn

die armen Menschen mußten bei ihrer schweren Arbeit fast Hungers sterben, hatten doch die „Werkbaasen" selbst Korn und Malz, das die Regierung den Arbeitern statt der Bezahlung bewilligt hatte, zu einem billigen Preis an sich gerissen („De Warkbaas", S. 128). Aus Not hatten viele Arbeiter ihre Forderungen zu einem geringen Wert verkaufen müssen und verrichteten ihre Arbeit nun fast umsonst.

Aber schon bald, am 13./14. Mai 1765, hieß es am Vorwerk Friederikenhausen „Laway!" Die Arbeiter am Deich verlangten ihr Recht: Mehr Geld. – Bessere Arbeitsbedingungen (Danzleed up dat Jahr 1765", S. 129).

„Dat minner Volk, ‚die geringen Leute', – so harr de Diekgraf Anton Günther von Münnich de Arbeiders nöömt. ‚Die geringen Leute' weren sik nu enig wurdn, harrn hör Reetskup dalsmäten. Se leten nu mit sik verhanneln; man mit de ‚Concessiones', mit dat, wat de Regierung betahlen wull, dar weren se nich mit inverstahn. – Jeverland höör to disse Tiet den Fürst von Anhalt-Zerbst; man disse Fürst seet nich in Anhalt-Zerbst. Dar weer he uträten, wieldat dat Volk van Zerbst 'n Upstand maakt harr van wegen de hogen Stüern, de se betahlen schulln, un dat allens blots wegen den Fürst sien mall Suldatenspeleree. Man hulpen hett de Upstand anners ok nich veel: De Fürst seet nu in Basel. Sien Regierungsgeschäften in Zerbst maken de Kamerherrn („Jeverland", S. 124; „Seggt mi, ji Suldaten", S. 130).

Un van disse Suldaten stunn laterhen ok so männich een an'n Diek in Friekenhusen. In'n Juli 1698 maken de Diekers noch mal Laway; man denn wurr Militär insett't. – An'n 24. in'n Septembermaand geev dat en Störmfloot. De Kajediek un ok de neje Butendiek harrn dar wat bi affkrägen, man se harrn den Diek denn bold klaar. An'n 24. in 'n Oktobermaand wurr de ganze Diek affnahmen un för goot befunnen. De Diekers harrn hör Schülligkeit daan. Se druffen nu na Huus hen gahn. Man för de hogen Herrn wurr bi den Agenten Cosh in Hamburg Sülwer-Geschirr bestellt: Präsenten („Swiegt still", S. 131).

Zu belohnen waren viele: „Zwei Oldenburgische Etats-Räthe, welche bei der Hauptrevolte anhero requirieret worden, und der Obrist-Lieutenant von Courbierre für die Preußische Militärhilfe im Kampf gegen die revoltierenden Deicharbeiter."

Der Hrsg.

Nähere Angaben, alle Lieder und vollständiger Text siehe: „Dat Leed van de Diekers. Über einen Deicharbeiter-Aufstand 1765 an der Nordsee." LP mit Textbeilage, Verlag Atelier im Bauernhaus, Fischerhude 1983 sowie Textbuch und Programmheft zur „Szenischen Chronik" – „Laway – Aufstand der Deicher 1765", Oldenburgisches Staatstheater 1983.

Den König sien Plünn

Vorsänger:	Dar hangt en Plünn in'n Wind.
Alle:	Dar hangt en Plünn in'n Wind.
Vorsänger:	De König töövt un glöövt,
	dat he noch Dummen findt.

Vorsänger:	Dar hangt en Plünn in'n Wind.
Alle:	Dar hangt en Plünn in'n Wind.
Vorsänger:	De König töövt
Alle:	un töövt, un töövt, un töövt.
Vorsänger:	Dar hangt en Plünn in'n Wind.
Alle:	Dar hangt en Plünn in'n Wind.
Vorsänger:	De König glöövt,
	dat he noch Dummen findt,
Alle:	findt, findt.

Vorsänger:	Hest mal kien'n König mehr,
Alle:	Hest mal kien'n König mehr,
Vorsänger:	büst dar an wennt un rönnst
	noch achtern Plünnen heer.

Vorsänger:	Hest mal kien'n König mehr,
Alle:	Hest mal kien'n König mehr,
Vorsänger:	büst dar an wennt,
Alle:	an wennt, an wennt, an wennt.
Vorsänger:	Hest mal kien'n König mehr,
Alle:	Hest mal kien'n König mehr,
Vorsänger:	büst dar an wennt,
	rönnst achtern Plünnen heer,
Alle:	heer, heer.

Vorsänger:	Nu riet den Plünn van'n Stock!
Alle:	Nu riet den Plünn van'n Stock!
Vorsänger:	Uns Gret-Marie maakt Di
	dar van en'n bunten Rock.

Vorsänger:	Nu riet den Plünn van'n Stock!
Alle:	Nu riet den Plünn van'n Stock!
Vorsänger:	Uns Gret-Marie,
Alle:	Marie, Marie, Marie.
Vorsänger:	Nu riet den Plünn van'n Stock!
Alle:	Nu riet den Plünn van'n Stock!
Vorsänger:	Uns Gret-Marie
	maakt Di en'n bunten Rock,
Alle:	Rock, Rock.

Vorsänger:	Dar hangt en Plünn in'n Wind.
Alle:	Dar hangt en Plünn in'n Wind.
Vorsänger:	De König tӧӧvt un glӧӧvt,
	dat he noch Dummen findt.

Vorsänger:	Dar hangt en Plünn in'n Wind.
Alle:	Dar hangt en Plünn in'n Wind.
Vorsänger:	De König tӧӧvt
Alle:	un tӧӧvt, un tӧӧvt, un tӧӧvt.
Vorsänger:	Dar hangt en Plünn in'n Wind.
Alle:	Dar hangt en Plünn in'n Wind.
Vorsänger:	De König glӧӧvt,
	dat he noch Dummen findt,
Alle:	findt, findt.

Jeverland

Segg mal
den Fürst sien Kamerherr:
    Dit Land
    is as en Mehlsack.
    Dar is kien Mehl mehr in,
    man
    wenn Du dar
    up kloppen deist,
    bringt he noch wat:
    den leßden Mehlstoff.

Den Warwer sien Leed

De Fürst bruukt tweedusend Mann,
de Fürst bruukt tweedusend Mann,
för wenig Geld den Diek to boen,
un well noch arbeiden kann,
för Geld noch arbeiden kann,
de schull den Warwer troen.

In't Vörjahr is doch dat Watt
noch nett so kolt un so natt.
Ji staht in't Waterbütt to krarben.
Un is dat Äten ok slecht
un is de Lohn nich gerecht,
well nich kummt, moot verdarwen.

So, Lüü, begriept dat ganz fix:
hebbt lever wenig as nix.
Ji köönt den Hunger nich verstäken.
De lange Winter broch Not.
Jo Kinner bädelt na Brot.
Kaamt, Lüü, un maakt Jo Teken!

De Fürst bruukt tweedusend Mann,
de Fürst bruukt tweedusend Mann,
för wenig Geld den Diek to boen,
un well noch arbeiden kann,
för Geld noch arbeiden kann,
de schull den Warwer troen.

Dat Leed van de Koyerslüü – 1765

Well koyert, moot sik quälen.
He schüppt de Kaar vull Schiet.
He steiht up düppelt Delen,
un is dat denn so wiet, —
kummt noch en Kaar,
kummt noch en Kaar.
De Koyerslüü, de weert nich klaar.

De Schuuvkaar mööt't se schuwen,
de Kaar bit vull an'n Rand.
Dar givt dat kien Versnuwen.
Se rullt van Hand to Hand.
Kummt noch en Kaar,
kummt noch en Kaar.
De Koyerslüü, de weert nich klaar.

Twee Jungens sünd an't ropen:
Wi boot ut Schiet den Diek!
Smiet't allens up den Hopen,
un denn verdeelt wi't gliek.
Kummt noch en Kaar,
kummt noch en Kaar.
De Koyerslüü, de weert nich klaar.

Up d' Plaats van Friekenhusen,
dar geiht dat fürstlich to.
Bi kloke Spröök un Smusen,
drinkt Kamerheern sik to.
Kummt noch en Wien,
kummt noch en Wien.
In'n Schiet wöhlt Koyerslüü un Swien.

De Warkbaas

Noch eerder he een'n Handslagg deit,
kickt hüm de Warkbaas an,
dat he man gau in'n Schiet rümkleit.
Los, Koyerer, fang an!
De knüllt sien Fuust in d'Büxentasch,
un doch seggt he kien Woort.
De swiggt alltiet. De markt sik dat.
Ja, dat, dat is sien Aart.

Noch eerder he een'n Handslaag deit,
kickt hüm de Warkbaas an,
dat he in'n Rönn sien Arbeid deit.
Schuuv an, du Koyersmann!
De knüllt sien Fuust in d'Büxentasch,
un doch seggt he kien Woort.
De swiggt alltiet. De markt sik dat.
Ja, dat, dat is sien Aart.

Kunn dat denn nich mal anners wään,
as't hier al alltiet weer?
De een'n, de mööt't de Arbeid doon,
de annern maakt groot Wöör.
Noch eerder elk een'n Handslaag deit,
kiekt jo den Warkbaas an.
Dat nümms hüm hier den Hals affdreiht!
De Warkbaas, de is bang!

Danzleed up dat Jahr 1765

De Diekgraf von Münnich
meen eenstmals ganz künnig:
de Diekers, dat weren geringe Lüü.
Nu willt de Geringen
mal danzen un springen.
Jan-Hinnerk, nu blaas man:
: Tü-lü-tü-tü.

Na d' Sudelers Telt hen.
Jan-Hinnerk vertellt denn:
Ji Diekers, geevt acht up dat Morgenrot!
Bi'n Sudeler givt wat.
Well Geld hett, de kriggt wat
van Beer, Sluck un Speck un
: van Kees un Brot.

Höört to, ji Geringen:
Dat moot doch gelingen!
Wenn wi man tohoop hollt, denn sünd wi stark,
denn bruukt wi nich bangen.
Denn köönt wi't verlangen:
mehr Geld un mehr Äten
: för uns stuur Wark.

Se danzt, bit de Hahn kreiht
un Tjarks mit sien Fahn steiht.
Jan-Hinnerk, de blaast denn up sien Schalmei.
Vöran Koyerstangen
un luuthals verlangen:
Mehr Geld un mehr Äten!
: Laway! – Laway!

Seggt mi, ji Suldaten

Seggt mi, ji Suldaten, ji ut Jevers Straten,
wor is denn jo Fürst blots bläwen?
De hett doch so lang nich schräwen.
Anhalt-Zerbsters hebbt wi fraagt.
De hebbt hüm verjaagt.

Volk gung up de Straten. Fürst muß Zerbst verlaten.
Wor is denn jo Fürst blots bläwen?
de hett doch so lang nich schräwen.
Anhalt-Zerbsters hebbt wi fraagt.
De hebbt hüm verjaagt.

Wat will he in Basel? Jever liggt bi Asel.
Wor is denn jo Fürst blots bläwen?
De hett doch so lang nich schräwen.
Anhalt-Zerbsters hebbt wi fraagt.
De hebbt hüm verjaagt.

Wichtige Balbeeren schüllt uns nu regeeren?
Wor ist denn jo Fürst blots bläwen?
De hett doch so lang nich schräwen.
Anhalt-Zerbsters hebbt wie fraagt.
De hebbt hüm verjaagt.

Groot doon, prunken, prahlen?
Lütt Lüü schüllt't betahlen.
Wor is denn jo Fürst blots bläwen?
De hett doch so lang nich schräwen.
Anhalt-Zerbsters hebbt wi fraagt.
De hebbt hüm verjaagt.

Swiegt still

De Fürst dröömt van Victoria.
Pastor meent, wi schüllt bäden.
Un wi knoijt uns mit Kaar un Spaa,
swiegt still un laat't se reden.

Wi dröömt van Geld un hollt uns Snuut.
Wi Diekers schüllt blots dieken.
Chirurgus tödelt van Skorbut,
van Fewer un Koliken.

Dar dröömt wi van: wi sünd bold stark
un köönt bold allens rieten,
verlangt mehr Geld för uns stuur Wark
un laat't uns doch beschieten.

Gewehren un en groot Kanoon'
van Wangerlands Vogteien:
de sünd den Arbeitsmann sien Lohn,
fangt he an to laweien.

De Fürst dröömt van Victoria.
Pastor meent, wi schüllt bäden.
Un wi knoijt uns mit Kaar und Spaa,
swiegt still un laat't se reden.

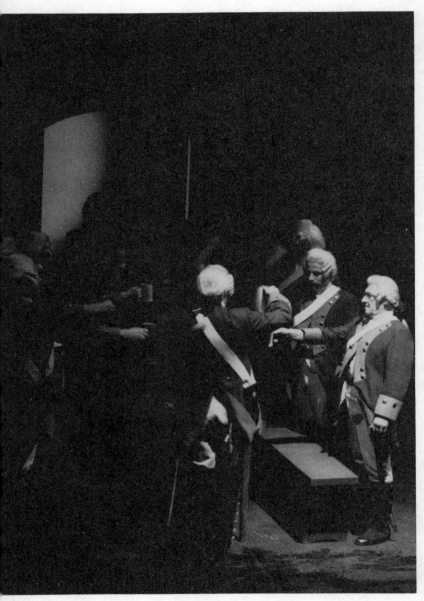

Szene aus „Laway – Aufstand der Deicher 1765", Szenische Chronik von Oswald Andrae. Premiere am Oldenburgischen Staatstheater 28. Januar 1983. Foto: Wöltje.

Well nix hett, moot in't Feld

De rieke Mann kann blieven, de arme mutt in't Feld

Över den Fürst van Anhalt-Zerbst sien Suldaten in de Herrschaft Jever wull ik vandaag berichten: Över't Militär in't 18. Jahrhunnert. Man wenn ik van't Militär vertell, denn moot ik eerst mal verraden, dat de Jeverlänners dar nich so ganz veel mit in'n Sinn harrn. Säker harr dat in fröher Jahren in Jever ok al Landsknechten geven. 50 Mann van dit Völk sünd alleen in't Jahr 1531 in Fräulein Maria hör Deensten kamen. Se weer de Herrin to Jever. Se hett Jever in't Jahr 1536 de Stadtrechten geven. Un wat de Rechten un de Plichten van de Börgers weeren, dat wurr to Papier brocht. Wenn de Stadt in Not weer, denn mussen se för Jever strieden: de Börgerslüü un de Knechten. Wenn dat so wesen muß, denn stunnen se parat to'n Schutz van Huus un Stadt, van Lüü un Land. Man för Geld, för Sold as Knecht dör frömde Landen trecken in'n Krieg för frömde Herrscherslüü? En Schann weer dat för Mannslüü ut uns Herrschaft Jever. Un doch. Well'n egen Huus harr, well dat Börgerrecht harr in de Herrschaft Jever, de harr de Börgersplicht un muß ok denen. Man de Börgerslüü, de genoog Geld harrn, kunnen sik van dissen Deenst freekopen. Well't Geld nich harr, muß denen.

Dat hett hier in Jever ok laterhen so wesen. Dar stunn an'n 24. November 1918 glieks na den Krieg en Upsatz in uns Zeitung „Jeversches Wochenblatt". „Militärische Stellvertretung." Georg Janßen, Sillenstede, schreev hüm. Un vöran sett he en Zitat von Tolstoi: „Geld ist geronnene Gewalt; es ist das vorzüglichste Mittel der Unterjochung des Menschen durch den Menschen."
Un so schreev Georg Janßen-Sillenstede dar van, dat de, de dat Geld harr hier in't Jeverland, sik ok freekopen kunn van den Militärdeenst. He köff sik'n Ersatzmann. Wat he betahlen muß för so'n Ersatzmann, dat dee sik dar na richten, ov dar jüüst Kriegsgefahr weer ov nich. Johann August Siebels Blohm van Sengwarderwegg bi Sillenstä betahl 1850 man blots 250 Dalers; man Gerriet Taddiken ut Grafschaft muß al 1000 Dalers betahlen (dat weer to den Napoleon sien Tiet). 1846 schreev Robert Anton Molin Oetken van Stumpens in de Chronik van Wiarden, dat en Ersatzmann mit 1000 bit 3000 Reichsdalers betahlt weerdn muß.

Hier is so'n Verdragg, utstellt in't Jahr 1861 in't Militär-Collegium Oldenburg:
„Erstens, dem Herrn Registrator Friedrich August Peil hieselbst, als Bevollmächtigter des Hausmanns Hajo Ihnken Folkers zu Zielens, im Amte Jever, Vormund des Wehrpflichtigen (Johann Folkers Janßen aus Wulfswarfe), zweitens: der Tischlergesell Ludwig Diedrich May aus Osternburg."
Paragraph Nummer een van den Verdragg seggt:

„Der genannte May übernimmt hierdurch die Erfüllung der den Wehrpflichtigen Janßen nach seiner Loos-Nr. 26 de 1839/61 etwa treffenden Militärdienstpflicht und verspricht hiernach, als dessen Stellvertreter in den Militärdienst zu treten und für denselben die ganze Dienstzeit treu und redlich zu dienen."

Na Paragraph Nummer twee muß de Hausmann Folkers, wat den Wehrplichtigen Janßen sien Vörmund weer, hüm

„in seiner gedachten Eigenschaft dem genannten Stellvertreter gleich nach Beendigung der Dienstzeit eine Gratification von 325 Thalern Gold zahlen und dieselbe vom 1. Mai dieses Jahres an jährlich mit Vier Procent verzinsen".

Dar upto kreeg May denn noch en Handgeld van 25 Dalers. De Dischlergesell May ut Osternburg hett denn ok Janßen sien Stellvertreter wesen, man he muß för dat Geld nich blots sien normale Tiet in de Garnison affdenen, nee, May muß ok noch den Feldzug van 1866 mitmaken, denn dor geev dat noch en Paragraph in sienen Verdragg:

„Sollte die Dienstzeit auch ohne Verschulden des Stellvertreters länger dauern als die gesetzlichen sechs Jahre, so wird für diese längere Zeit die oben vereinbarte Gratification nicht erhöht."

Well Geld hett,
de kann blieven.
Well nix hett,
moot in't Feld.

Elk een Suldat, de in de Zerbster Tiet in Jever as Suldat anfung, de wurr eerst mal vereidigt up veertig Kriegsartikels. So krääg he denn to weten, wat sien Suldatenplicht weer un wat hüm verboden weer, „bei Vermeidung derer Spieße-Ruten, Steigriemen, oder, nach des Delicti Wichtigkeit, gar Leibes- und Lebensstrafe".

1747 harr dat en recht olen Mann över de jeverschen Suldaten to seggen: von Kayn weer sien Naam. He weer as Obristlieutenant de Schloßhauptmann. Dat heet, dat he sien ganze Deenstgeschäften van den Hauptmann Westhoff siene Wittwe utrichten leet, un dat disse Jahren för Jevers Suldaten en ruhige Tiet wesen hebbt. 1752 keem de neje Mann. Von Kayn weer nu Invalid. Sien Nafolger weer Obristlieutenant von Schieck. He wull de Suldaten up Trapp bringen. He schreev:

„ . . . denn so wollte ich nicht gern kommandieren, wie die Frau Hauptmann Westhoffen bisher getan, denn es würden mein Gewissen und mein Ehr Schiffbruch leiden. Ich bin gewiß versichert, daß ich ein Stein des Anstoßes bin und aller Augen auf mich hier geruht sein. Allein ich frage danach nichts, denn ich werde kein zerbrochen Schwert in meiner Scheide führen."

Wat disse von Schieck denn woll utrichten wull mit siene Kompanie? He harr 100 Suldaten, man dar weren ok noch ganz ole Mannslüü ünner. Pension kunn nümms kriegen, wenn dar nich'n ganz bisünnern Grund weer. De Öllst ünner disse Suldaten weer in dat Jahr 1765 woll de Feldwebel Lobnitz. 95 Jahr old weer de.

Suldat wesen, dat weer woll in de Ogen van de Lüü hier in't Jeversche dat Leßde. En Suldat, dat weer en armen Hund: de kreeg Hau un wenig Lohn, so wenig, dat he sik bi uns in Jever noch nebenbi wat toverdenen muß, wenn he dör de Tiet kamen wull. Harr he nich genoog privaten Tooverdeenst, denn muß he bi de jeversche Armenkass üm Almosen bädeln gahn. Un up den Fürst sien Befehl hen druff nümms in't Jeversche an de Suldaten un an de Suldaten hör Familien up Pump verkopen.

Wull een van de Suldaten heiraden, denn muß he sik eerst de Genehmigung van den Offizier halen, anners gung dat nich, ok wenn dat Frominsk en Kind van hüm kreeg:

„Wann ein Soldat sich verheurathen will, so muß er um die verlangte Permission entweder einen silbernen Löffel oder 2 Reichsthaler ausgeben . . ."

Man wat hulp dat? Na de Stammrull van 1765 weeren 85% van de Suldaten verheiradt. Verheiradt, un denn blots 8 gode Groschens an'n Dag! 24 gode Groschens weeren een Daler. Dree Daag up Wacht stahn för enen Daler. De mussen sik al wat toverdenen, wenn se'n Familie harrn. Man eerst mal Arbeit kriegen!

1769 wurr Hannemann bestraft, de Gefreite Hannemann. De hett woll faken duun wesen, un dat denn ok, as he up Wacht stunn.

„Der Gefreuthe Hannemann ist wegen seiner bisher so oft bezeugten Nachlässigkeiten sowohl im Dienst als auch bei dem Exerzieren, besonders aber wegen der gestern am Wangerthor gehabten Wacht und bezeigten Nachlässigkeit auf 8 Tage geschlossen in Arrest gebracht. Es wird erneut bei jetzigen Feuertagen vor dem Besaufen gewarnt."

Wat harr F. W. Riemann doch schräwen in sien „Geschichte des Jeverlandes"?

„Es ist kein erfreuliches Bild, welches die folgenden Jahre vor uns entrollen. Doch die gerechte, aber mitleidlose Kritik der Nachwelt darf nicht davor zurückschrecken, düsteren Bildern die entsprechenden dunklen Schatten einzuzeichnen, wenn sie des Lichtes entbehren."

Un denn schrääv he, in't Jahr 1775 weer tüsken England un sien noordamerikaanske Kolonien de Krieg utbraken. De Lüü in de Kolonien weeren sik dar eenig in: Se wullen los van England. Un en wichtigen Grund weer woll, dat England na se hör Dünken to veel Stüern van hör verlangen dee, Stempelstüern. De Lüü van de dartein Provinzen in Noordamerika weren sik eenig. Se verbrennen de Stempelpapieren un ok de Akten un de Buden van de Stüern-Innehmers, so as de Geschichtsschriever Friedrich Christoph Schlosser dat uptschräwen hett. Een van de noordamerikaansken Staatslüü mit veel Talent hett Benjamin Franklin wesen, en Demokrat un Diplomat, de sien egen Lüü to nehmen wuß:

„ . . . weil er das reelle Leben niemals aus den Augen verlor und dem angestammten Charakter seiner Landsleute getreu blieb, immer auch auf jene Spar- und Erwerbsweisheit zurückkommend, die dem geld-gierigen Nordamerikaner die wichtigste aller Lehren ist."

Dat schreev Schlosser, de in't Jahr 1776 in Jever up de Welt kamen is, in sien „Weltgeschichte für das deutsche Volk".

Man torügg to Riemann sien Berichten. 15 000 Mann harr England an Suldaten in sien amerikaanske Kolonien. 25 000 Mann bruken se noch, wenn se mit de Rebellen in Amerika fertig weerdn wulln. Frömde Hülp bruken se. De König van England leet bi Zarin Katha-rina van Rußland anfragen, ov se nich 20 000 Suldaten in engelske Deensten gewen kunn,

„ . . . erhielt aber von der Kaiserin die verletzende, aber wohlver-diente Antwort, daß sie es mit ihrer kaiserlichen Würde unvereinbar halte, einen derartigen Handel abzuschließen."

Ok de Holländers wullen nich. Man de düütschen Fürsten jibbern na Geld.

De Landgraf van Hessen-Kassel harr 16 992 Suldaten to verhüern, de Herzog van Braunschweig 5723, de Fürst van Hanau 2442, van Ans-bach-Bayreuth 2353, van Waldeck 1225, un de Fürst Friedrich August van Anhalt-Zerbst un Jever 1152 Mann.

So keem dat to dissen Minskenhannels-Verdragg van'n 15. März 1777. De weer mit grote Wöer upsett't. He harr 13 Artikels:

„*Conventions-Puncta* zwischen Ihrer Königlich Großbritanischen Ma-jestät George III von Engelland und Seiner Hochfürstlichen Durch-laucht Fürst Friedrich August von Anhalt-Zerbst wegen eines von Seiner Majestät in Sold genommenen Regiments Infanterie. Kund und zu wissen sey hiemit, daß Ihro Großbritanische Majestät für gut erach-tet haben, ein Corps Infanteristen von Ihro Durchlaucht dem regie-renden Fürsten von Anhalt anzunehmen, um zum Dienste Großbrita-niens gebraucht zu werden."

600 Mann Footvolk schull de Fürst an England lewern. Un van Jahr to Jahr schull he dit Regiment mit neje Rekruten versörgen, komplet utrüst't un exerciret.

Un na Artikel 9:

„Wird Ihro Hochfürstlichen Durchlaucht für jeden Infanteristen 30 Reichsthaler, Banco den Reichsthaler zu 53 hols oder 4 Schilling 9 und 3 quart penz gerechnet, ausbezahlet werden. Dieses Kopfgeld wird ei-nen Monat nach der Unterschrift vergütet . . ."

De Suldaten schüllt engelschen Sold kriegen van den 21. Februar-maand 1778 an, wenn dat Regiment in Marsch sett't wurden is. Van den Dag an, wor se den Fürst sien Land verlaten hebbt,

„sollen die Unkosten alle auf Ihro Großbritanische Majestät fallen".
Bit an't Ennen van den Maand, in den de Suldaten wedder in den Fürst
sien Land torüggkamen sünd, kriegt se engelschen Sold.
För dissen Hannel krääg de Fürst van Anhalt-Zerbst „ein jährliches
Subsidium von 22 500 Reichsthalern".
As de Verdragg ünnerschräwen weer, trucken den Fürst sien Warwers
los, dat se Suldaten krägen, un dat nich blots in Anhalt-Zerbst.
Up en Plakat stunn schräwen:
„Es wird jedermann kund und zu wissen gethan, daß, wer Lust und Be-
lieben hat, unter das Hochwohllöblich Anhalt-Zerbstische Infanterie-
regiment, Dienste zu nehmen, können sich im Reich als Augsburg,
Oettingen, Meiningen und Schwäbisch Hall auf denen Werb-Plätzen
einfinden. N. B. Es wird auch . . . ein gutes Handgeld gegeben."

Dar hett denn männich een van de Suldaten noch fix heirat't, dat he
sien junge Fro mitnehmen kunn na Amerika. En Chronist van
Wangeroogh schreev, de Fürst leet
„ . . . allenthalben im Reiche anwerben und dann, bis er sie wegschik-
ken konnte, nach Jever bringen. Da mochten nun aber viele darunter
seỳn, denen es nur ums Handgeld zu thun gewesen war, und die nur auf
Gelegenheit warteten, die verkaufte Freyheit wieder zu erlangen.
Diese wurden nach Wangeroog gebracht, wo sie nicht desertieren
konnten. Mehrere Monate lagen sie hier auf der Insel, bis ihre Anzahl
hinlänglich war, einen Transport zu bilden."
In't Wangerooger Karkenbook steiht:
„Den 25. November 1777 starb hier eines Musquetiers Heiners Toch-
ter Marie Magdalena Heiners, und ist in der Stille, des Abends von
Musquetiers zur Erde bestattet."
Un de Wangerooger Chronist schreev van de Suldaten:
„Die gingen dann am Strand umher und schauten traurig nach dem fe-
sten Lande hinüber, und wenn sie dann keinen Weg fanden, fluchten
sie unserer guten Insel, die unschuldig ihnen zum Gefängnis geworden
war."

De Fürst harr Arger krägen mit den König van Preußen. Dör de sien
Land druffen de Zerbster Suldaten nich marschieren, wenn se na de
Nordsee hen schullen; un so mussen se'n Ümwegg maken: dör Thürin-
gen, över den Harz un dör't Hannoversche. Ganz veel Freewilligen
hebbt dar säker nich bi wesen, denn noch in Zerbst is en Leutnant mit
sien 50 Lü na Kursachsen hen uträten, un van de 841 Mann, mit de
Oberst Rauschenplatt 1778 lostrucken is, kunnen 334 Mann up den
Wegg na de Nordsee hen deserteeren.
In Stade schulln se up den engelsken König vereidigt weerd. Man as
se dar ankemen, wull de engelske General de paar Lüü so nich över-
nehmen. So kemen se denn na Wangeroogh hen, wat to Jever hören
dee un dormit ok to Zerbst.

Van de Insel ut kunn nümms deserteeren. Wat woll so vör sik gung in de Köpp van disse Minsken, de sik harrn besnacken laten, de se to'n Militärdeenst dwungen un denn noch an frömde Heerschers verhüert harrn?

En hett dar mit bi wesen. Blootjung. Geboren in't Jahr 1763, de Dichter Johann Gottfried Seume:

„Man brachte mich als Halberstarrten nach der Festung Ziegenhain, wo der Jammergefährten aus allen Gegenden schon viele lagen, um mit dem nächsten Frühjahr nach Faucetts Besichtigung nach Amerika zu gehen. Ich ergab mich in mein Schicksal und suchte das beste daraus zu machen, so schlecht es auch war . . . Niemand war damals vor den Handlangern des Seelenverkäufers sicher. Überredung, List, Betrug, Gewalt, alles galt. Man fragte nicht nach den Mitteln zu dem verdammten Zweck. Fremde aller Art wurden angehalten, eingesteckt, fortgeschickt. Mir zerriß man meine akademische Inskription als meine einzige Legitimation."

Dat so veel Suldaten van de Zerbsters hör Kontigent, so as se de armen Minsken nömen, up den Marsch van Zerbst na Stade hen enfach weglopen weeren, dat harr sik ok bold in Jever rümsproken.
Dar keem denn doch disse Kapitän Coulon na Jever hen. De harrn de Suldaten al'n Spitznaam gäwen: „Kapitän des verlaufenen Volks." Hüm weer dat ganze Suldatenvolk weglopen. Nu söken se in't Jeverland vör Gewalt na Mannslüü. Toeerst mal all de Lüü, de in't Kaschott säten.
Dat heet, se harrn 1772 allerhand Deevsvolk ut Schörtens un Sillenstä upgräpen. De säten noch in Jever in'n Knast. Se kunnen free kamen, wenn se Suldat weerdn wullen. Un dat heet, in Jever up de Schlachte harrn de Herrschaften disse Lüü wedder ehrlich maakt un denn över Hooksiel na Stade transporteert.
Aff na Amerika.
Da wurr ok vertellt, Oberst von Ulisch harr sik bi den Barbeer Boycksen sien Haar friseeren laten un harr de denn fraagt, ov he nich mit wull na Amerika. Nee! För wu veel Handgeld he dat denn woll dee? fraag von Ulisch den Babutz. Ut Spaß schull he dat mal seggen, ut Spaß.
Un denn toleßd segg Boycksen hüm den ut Spaß 'n ganz hogen Bedragg. „Soll er haben!" reep von Ulisch un reep den Korporal herin. De harr al luurt vör de Döör. Man dat harr he doch blots ut Spaß seggt, meen Boycksen.
Dat hulp hüm nich mehr. De Korporal broch hüm foors na Hooksiel up't Schipp.
Barbeer Boycksen wurr Suldat, wurr verhüert na Amerika.
Na Hooksiel mussen de Lüü loopen. Un well ganz verdächtig weer, dat he woll utrieten kunn, de keem up en Boot. Dat trucken se över't Deep langs na Hooksiel hen.

Up Hooksiel weer dat Wachtpersonal noch mal besünners scharp un vörsichtig. En Deel van't Hook höör to Knyphusen. Un well na Knyphusen hen deserteeren dee, de weer free. Man van Peter Oncken sien twee Sluupen wurr dat Suldatenvolk denn van Hooksiel na Stade hen transporteert.

Een van disse Mannslüü weer de Kanonier Esders, Harm Janßen Esders ut Sillenstä in't Jeverland. He weer na Jever hen gahn. He wull Suldat weerdn un wurr denn bi de Anhalt-Zerbsters in Jever an de Kanon utbildt. Up den Slößwall stunnen disse Kanonen: „Drossel" un „Dicke Greet" wurren se nöömt. Man wu dat faken so löppt bi de Suldatenspeleree. So wat kann in't Oog gahn.

Ok Harm Janßen Esders wurr an den engelsken König verhüert. Dat weer an'n 21. März 1778. Dar gung disse Truppentransport van Jever na Hooksiel, un van dar ut mit Peter Oncken sien twee Sluupen na Stade hen.

In Stade wurr Esders tosamen mit all de annern Suldaten up den engelsken König vereedigt. Up König Georg den Drütten. An'n 22. April lepen de Transportscheep na Amerika ut. Fief un'n halv Maand up See! An'n 7. Oktober keem he eerst in Quebec an.

Wor weer Harm Janßen Esders affbläwen?

Denn Krieg hett he mitmaken mußt. Man denn is he – well weet, wu? – in Noordafrika landt. In Algier hebbt se den Mann ut Sillenstä twee Jahr lang gefangen hollen. Van dar ut keem he na England und van England na Holland. Kanonier Esders hett woll veel dörmaken mußt. En armen Hund.

De Geschichtsschriever Fiedrich Christoph Schlosser, gebürtig ut Jever, harr woll recht, as he to sien Tiet schreev:
„Wenn es von Einem hieß, er ist Soldat geworden, so war dies das Letzte, was man von ihm sagen konnte!"
Sien leßd twintig Läwensjahren is Harm Janßen Esders över Land trucken, „als fahrender und bettelnder Musikante".
1818 hebbt de Lüü van Sillenstä dissen Kanonier Esders up den Sillensteder Karkhoff brocht.

Ja, weer Esders man bi de rebellschen Amerikaners gefangen nahmen wurden. Mag wesen, he harr denn dar achtern sien Glück funnen. De amerikaanske Kongreß harr doch an'n 14. August 1776 al bekannt gäwen laten:
„Da nun Seine Britannische Majestät, ohne von uns dazu herausgefordert zu sein, einen grausamen Krieg angefangen hat mit dem Ziel, unsere Freiheit und Glückseligkeit zu vernichten, und weil dieser König nicht imstande war, genug britische Soldaten aufzubieten, um seine blutdürstigen Maßnahmen zu vollziehen, so hat er gewisse fremde Fürsten aufgefordert, ihm eine große Anzahl von Ausländern zu überlassen. Da nun das Parlament von Großbritannien durch sein vor kur-

zem erlassenes Gesetz beschlossen hat, unsere auf der hohen See gefangengenommenen Soldaten zu zwingen, gegen unser Land zu dienen, so haben wir daher beschlossen:

– daß unsere Vereinigten Staaten alle Ausländer, die die Armee seiner Britannischen Majestät in Amerika verlassen, aufnehmen und sie als Bürger dieser Vereinigten Staaten anerkennen werden, wenn sie es wünschen;

– daß diese Ausländer in der freien Ausübung ihrer jeweiligen Religion geschützt werden und mit den Rechten, Freiheiten und Befreiungen mit den Einwohnern dieses Landes gleichgestellt werden sollen gemäß den Gesetzen dieser Vereinigten Staaten.

Außerdem will der Kongreß einer jeden solchen Person 50 Acker Land zum vollkommenen Eigentum übertragen für ihn und seine Erben."

Riemann schreev, de Hauptmann von Lüttichau harr van Amerika en Naaricht överbrocht, van de 107 Mann ut de Garnison Jever weren negen Mann fallen un veertein Mann so swoor verwundt, dat se wedder na Huus mussen. Dat weren: Heinrich Bertram, Gerhard Peterßen, August Hagedorn, Ernst Staschen, Heinrich Wilcken II, Heinrich Stubenrauch, Andreas Straus, Gottfried Henisch, Konrad Bräutigam un Borchert Memken.

Man doot bläwen sünd dar noch veel mehr, so as mi dat en ole Handschrift wiesen deit, van de Riemann woll nix wußt hett, so dücht mi. Vör mi liggt en Karkenbook, un wenn ik dar in läsen doo, denn kann ik mi mit mien Phantasie vörstellen, wat dar so loswesen hett ünner disse Suldaten van Anhalt-Zerbst un ut dat Jeversche, as de tomal up't Schipp mussen.

Ein Schifflein sah ich fahren,
Kapitän und Leutenant,
darinnen waren geladen
drei brave Kompagnien Soldaten,
Kapitän, Leutenant,
Fähndrich, Sergeant,
nimm das Mädel, nimm das Mädel
bei der Hand!
Soldaten, Kameraden,
nimm das Mädel, nimm das Mädel
bei der Hand!

Was sollen die Soldaten essen,
Kapitän und Leutenant?
Gebratenen Fisch mit Kressen,
das sollen die Soldaten essen,
Kapitän, Leutenant,
Fähndrich, Sergeant,
nimm das Mädel, nimm das Mädel
bei der Hand!
Soldaten, Kameraden,
nimm das Mädel, nimm das Mädel
bei der Hand!

Was sollen die Soldaten trinken,
Kapitän und Leutenant?
Den besten Wein, der zu finden,
den sollen die Soldaten trinken.
Kapitän, Leutenant,
Fähndrich, Sergeant,
nimm das Mädel, nimm das Mädel
bei der Hand!
Soldaten, Kameraden,
nimm das Mädel, nimm das Mädel
bei der Hand!

Wo sollen die Soldaten schlafen,
Kapitän und Leutenant?
Bei ihrem Gewehr und Waffen,
da müssen die Soldaten schlafen.
Kapitän, Leutenant,
Fähndrich, Sergeant,
nimm das Mädel, nimm das Mädel
bei der Hand!
Soldaten, Kameraden,
nimm das Mädel, nimm das Mädel
bei der Hand!

Wo sollen die Soldaten tanzen,
Kapitän und Leutenant?
Vor Harburg auf der Schanzen,
da müssen die Soldaten tanzen.
Kapitän, Leutenant,
Fähndrich, Sergeant,
nimm das Mädel, nimm das Mädel
bei der Hand!
Soldaten, Kameraden,
nimm das Mädel, nimm das Mädel
bei der Hand!

Wie kommen die Soldaten in den Himmel,
Kapitän und Leutenant?
Auf einem weißen Schimmel,
da reiten die Soldaten in den Himmel.
Kapitän, Leutenant,
Fähndrich, Sergeant,
nimm das Mädel, nimm das Mädel
bei der Hand!
Soldaten, Kameraden,
nimm das Mädel, nimm das Mädel
bei der Hand!

Wie kommen die Offiziere
in die Höllen,
Kapitän und Leutenant?
Auf einem schwarzen Fohlen,
da wird sie der Teufel holen.
Kapitän, Leutenant,
Fähndrich, Sergeant,
nimm das Mädel, nimm das Mädel
bei der Hand!
Soldaten, Kameraden,
nimm das Mädel, nimm das Mädel
bei der Hand!

„Kirchenbuch, geführet über Seiner Hochfürstlichen Durchlaucht zu Anhalt-Zerbst im Königlich Großbritannischen Sold stehende Truppen, enthaltend das Todten-, Tauf- und Trauregister angefangen den 21. Februar 1778 als den Tag des Abmarsches aus Zerbst von Magister Johann Gottlieb Siegismund Braunsdorff. Feldprediger."

„Anna Catharina Cojen, geborene Listen, starb am 20. August anno 1778 auf dem Schiffe Antelope und wurde am 27. an Land begraben; des Grenadiers Adam Coje, von des Herrn Capitain von Wietersheim Grenadier Compagnie, Ehefrau. Sie wurde geboren im Dessauischen. Ihr Vater, ein Tagelöhner, lebet noch. Ihres Alters 25 Jahr.
Am 29. August starb auf dem Schiffe Wisk Barbara Henopelmannin, des Grenadiers Veit Henopelmann von des Herrn Major von Rauschenplatts Compagnie Töchterlein im Alter von 1 Jahr und 6 Monaten.
Am 31. August starb auf dem Schiffe The Rising Sun nach erhaltener Nottaufe Carolina Sophia Margaretha Andressin, des Grenadiers Andreß erstgeborenes Töchterlein.
Am 8. September starb auf dem Schiffe The Rising Sun des Grenadiers Andreas Brandt von des Herrn Capitain Gogels Compagnie Ehefrau."
Wilhelm Dieter Fuchs, 22 Jahr, weer al in Stade stürben; Heinrich Ih-

nen, en Linnenwewer ut Jever, stürben up See up dat Schipp Wisk, 39 Jahr old. Wilhelm Hinderichs ut Sillenstä, stürben up See up dat Schipp Antelope, 25 Jahr old. Un up dat Schipp The Rising Sun sünd stürben: Heinrich Harms ut Jever, Ehrhard Caspers ut Jever, Jost Heinrich Stahlbuck ut Jever, Bernhard Duittgens ut Jever.

Un denn greep de Dood van Quebec üm sik.

In't Lazarett „Hotel de Dieu" sünd van de Zerbster Suldaten ut Jever stürben: Johann Oehlichs ut Jever, Ulrich Gerdes ut Jever, Christoph Tiarks ut Jever, Reinhard Ihnen ut Jever, Peter Fischer ut Jever, Georg Wippling, en Snieder ut Jever, Hajo Eden Onnen, en Körvmaker ut Wittmund.

Un de dit Karkenbook upschräwen hett: Magister Braunsdorff, de hett en Suldatenwarwer sien Söhn wesen, ut Zerbst. Laterhen hett he lang Jahren Pastor in Waddewarden wesen. Braunsdorff hett veel upschräwen, hett ok affschräven, so as Georg Janssen-Sillenstede meen. Affschräven van den studeerten Feldwebel Martens ut Jever. De hett so an de fief Jahr öller wesen as Pastor Braunsdorff, man he is nich so old wurden. Wat wussen wi woll över de fröher Tieden hier in uns Land, wenn dat nich alltiet Lüü gäwen harr, de wat upschräwen hebbt?

För de Verlusten in Amerika bruken se neje Rekruten. An'n 6. April 1779 mussen 171 Suldaten van Jever ut na Hooksiel, un denn över Stade up de grote Reis na Amerika. Dat Leit van dissen Transport harr Oberleutnant Jaritz. De weer woll so wat as'n Transportoffizier. Dree Mal hett he na Amerika hen wesen. Un alltiet, wenn dar neje Rekruten in't Jeversche ankamen deen, denn wurrn de fluchtverdächtigen Lüü na de Insel Wangeroogh hen brocht: an'n 24. März 1780 weren dat 24 Suldaten un een Unteroffizier.

In dat Wangerooger Karkenbook Nummer twee steiht up Siet Nummer 445 to läsen:

„Eodem (24ten May 1780) also am Fronleichnamstage, hielt in unserer Kirche der Pater Becker eine Messe und es communicierten die nach Amerika gehenden Römisch-Katholischen."

Dat weren de kathoolschen Rekruten, un de evangeelschen krägen dat Abendmahl. Enen Dagg later mussen disse Suldaten denn up de Reis. Pater Becker gung mit. Ut dat Jeversche weren dat an'n 26. Mai 1780 80 Rekruten.

Un noch en paar Tüüchnissen ut dat Wangerooger Karkenbook:

„Am 23. Februar 1781 starb Johann Christian Gottfried Kautsch, eines Canoniers Söhnlein, alt: 5 Tage."

„Am 7. März 1781 starb des Canoniers Kautschens Ehefrau und wurde am 9. begraben."

De veerte Transport mit 63 Suldaten gung an'n 18. April 1781 van't Jeversche na Amerika.

So männich een van de Zerbster Suldaten is fallen, is stürben an sien Versehren, is elennig krank wurden un denn in't Sükenhuus verreckt. Gottfried Grachelitz full ut dat Kasernenfenster un weer doot.

145

Johann Adam is ümbrocht wurden, as he up'n Posten stunn.

Michael Vollrath is in den River St. Charles bi Quebec verdrunken, un Braunsdorff meen, dat he sik wat andaan harr.

Gottfried Wegener hett sik up'n Böön van de Kasern in Quebec uphangt.

Christian Grashoff keem üm't Läwen bi en Steensprengung.

Johann Lein is, as he bi Nacht ut de Kantin' keem, up de Straat erfroren.

Friedrich Wendt hett sik mit sien egen Gewehr dootschaten.

Christoph Lindauer is verdrunken.

Ferdinand Fritz harr to veel drunken, gung mit'n duunen Kopp in't Water un is affsapen.

Friedrich Krause hett sik dootschaten:

„Der Mensch hatte zu Zeiten einige Anfälle von Melancholie, die nach seiner Aussage davon herrührten, weil er in Paris bei einem Herrn Bedienter gewesen, der erstochen worden sei, woran er viel Schuld gehabt. Er wurde, nachdem das Zelt abgebrochen, noch in der Nacht durch den Stecken-Knecht des Regiments auf seinem Erschießungsplatz begraben. Er war evangelisch, gebürtig aus Breslau, alt 28 Jahre."

Johann August Heyne muß den Feldprediger Braunsdorff bideenen. Un as Braunsdorff dree Wäken lang weg weer, is Heyne melancholisch wurden un hett sik uphangt. He weer 22 Jahr old.

Christian Thiele: verdrunken in't Water.

Philipp Kalb muß den Leutnant von Heringen bideenen. Un as de Leutnant weg weer, hett Kalb sik mit'n Jagdgewehr dootschaten.

Heinrich Matern: verdrunken, as dat Kanu umkippen dee.

Georg Christian Harms is in't Water fallen, as se den St.-Lorenz-Fluß överkrüzen mussen. He is verdrunken.

Carl Friedrich Meyne gung verschütt un wurr denn funnen: verdrunken in den River St. Lorenz.

Heinrich Harms harr wat drunken, is denn up'n Felsen klautert. Mag wesen, dat he dar rünner fallen is. He is erfroren.

Heinrich Schiede hett sik an'n Winterdagg bi'n Heubült buten hensett't, hett sik allens uttrucken un up den Dood luurt. He is erfroren.

„Adam Apfel starb am 28. 11. 1781 am Spießrutenlaufen. Er hatte als Korporal einige von den Gemeinen verführt und mit ihnen gestohlen. Vorzüglich hatte er bei einem Kaufmann zu Trois-Rivieres des Nachts eingebrochen und allerhand seidene, baumwollene und leinene Ballen entwandt, soviel sie derselben hatten tragen können, welches am Ende herauskam, fast erst nach einem halben Jahre, bei einem kleineren Diebstahl von Zucker. Er wurde als Anführer, weil er zugleich viele von seinen Kameraden unglücklich gemacht, zum Strange verurteilt, welches Urteil dahin gemildert wurde, daß er 36mal Gassenlaufen sollte durch 200 Mann, und zwar in drei aufeinanderfolgenden Tagen, jeden Tag 12 mal, welches auch an ihm vollzogen wurde und worüber

er nach einigen Tagen seinen Geist aufgeben mußte. Er war evangelisch, gebürtig aus Mühlhausen, alt 24 Jahre, ein Böttcher.
Matthias Michalek hat sich am 3. 6. 1783 im Walde des Kirchspiels St. Anne, im untern Distrikt von Quebec gelegen, tot gefallen. Man kann nicht gewiß sagen, ob er die Art des Todes sich selbst gewählt. Er hatte vorher allerhand Excesse gemacht, deswegen er vom Korporal zum Gemeinen degradiert wurde, welches ihn vermutlich etwas melancholisch gemacht, und nach diesem hat er mit einem Kameraden einen Bauer zu Schaden gehauen, deswegen er Spießrutenlaufen mußte. So bald er hier wieder aus dem Lazareth kam zur Compagnie, war er am gedachten Tage in den Wald gegangen, hatte in seinem Brotbeutel ein Brot mitgenommen und so über 1 Stunde in den Wald hineingegangen, wo schon niemand mehr passierte. Von ohngefähr aber hatte ihn dort ein Bauer, der auf der Jagd war, getroffen, daß er an einem Baum gelegen und der Kopf zerstoßen oder zerschlagen gewesen und noch geblutet hatte. Er war lutherisch, aber vorher katholisch gewesen, gebürtig aus Steckenau in Böhmen, alt 28 Jahre, ein Jäger."

Un as de Suldaten in'n Harvst 1783 wedder van Amerika torüggkamen weren, dar is Johann Luding an'n 29. September 1783 in't Hooksieler Deep verdrunken:

„Die Schiffe, mit denen das Regiment dort angekommen war, hatten sich so nahe zusammengelegt, daß man von einem zum andern springen konnte. Dies hatte er auch versucht und war bei der Ebbe zwischen die beiden Schiffe in den tiefen Morast gestürzt, wo er gleich, obwohl er alsbald gerettet wurde, erstickt war. Er ist auf dem Hooksiel begraben worden, war evangelisch, gebürtig aus Hameln im Hannöverschen, alt 32 Jahre, ein Schneider".

> *De Herrschaft hett beslaten:*
> *Wi schüllt in't frömde Land . . .*
> *un wi, wi gaht toschannen.*
> *Suldaten blievt in't Feld.*

Enen Dag na dit Unglück vör Hooksiel weren de Suldaten endlich wedder in Jever: an'n 30. September 1783. Dar wurr de füffde Kaserne boot; för de „Amerikaners". 'n Masse Suldaten in de lüttje Stadt. Hett woll so männich een na Huus hen wullt un dat denn ok probeert. Urlaub krägen se nich. Veel Geld krägen se nich. Geld up Pump krägen se nich. Neje Kledaasch krägen se nich. Un wenn in Jever de Kanonen dreemal achternanner ballern deen, denn wer dar mal wedder well uträten: deserteert. Un dat Volk schul hüm griepen. Mit de preußischen Regierungslüü in Ostfreesland harrn de hogen Herrn in Jever al siet Jahren enen Verdrag maakt, dat se sik gegensiedig de Deserteure utlewern wullen. Well as Suldat van Jever utrieten wull, de muß al sehn, dat he na Knyphusen keem. Dar weer he denn in Säker-

heit un wurr nich utläwert. Ok in Gödens weer he säker. Ok in Neen-
borg (dat hör to de Tiet to Dänemark).
Denn keem de leidige Winter.

„22. und 26. Januar 1784
Protokoll und Urteil des Kriegsgerichts
wegen Desertion des Gemeinnen Bügel
vom Zerbster Regiment in Jever.
Nummer 138

Jever, den 22. Januar 1784.
Nachdem am vergangenen 21ten nachts um 1 Uhr der Gemeine Bügel
vom Posten auf dem Walle mit Gewehr und Tasche desertiert und von
der Jäger Patrouille wieder eingebracht, arrestiert und geschlossen
wurde, so wurde auf Befehl des Herrn Brigade Generals und Com-
mandeurs von Rauschenplatt der Arrestant, nachdem er losgeschlos-
sen worden, vernommen:

1. Wie er heiße? – Tobias Bügel.
2. Wie alt und woher er sey? – 24 Jahre alt. Bey Mannheim.
3. Was für Religion und Profession er habe? – Reformierte Religion,
   keine Profession.
4. Wie lange er diene? – 5 Jahre; sey mit dem Transport aus New
   York gekommen.
5. Ob er schon Strafen bekommen habe und warum? – Wegen De-
   sertion in New York habe er Prügel auf den Hintern bekommen,
   wisse aber nicht mehr, wieviel.
6. Warum er in Arrest sey? – Weil er desertiert sey, vom Posten, vom
   Walle.
7. Was er mit sich genommen an Armatur und Montierstücken? –
   Gewehr und Tasche, Rockelor. Sonst nichts als seine Montierung.
   Weiter habe er nichts bey sich gehabt.
8. Wo er hin gehen wollte? – Er habe nach Hause gewollt, habe aber
   den Weg nicht finden können und sey wieder zurückgekommen,
   nachdem er etwa eine Stunde weggewesen. Er habe sich schon
   vielmals um Urlaub bey dem Commandeur gemeldet; und da er
   ihn nicht bekommen konnte, habe er wollen fortgehen.
9. Ob ihm die Kriegs-Acte bekannt? – Ja.
10. Ob er gewußt, er solle nicht desertieren und wie hart die Strafe
    sey, vom Posten aus zu desertieren über die Wäll und Graben? –
    Ja.
11. Ob er seyn Losung bereit und seyn Montierungsstücke richtig er-
    halten habe? – Ja. Bis auf ein paar Sohlen, so fällig sind. Und er
    ginge auf die Füße und habe schon müssen so auf die Wache zie-
    hen. Als er sich zum Sohlen gemeldet, hätte es geheißen und ihm
    der Feldwebel geantwortet: Die Yorker kriegten noch keine Soh-
    len. Sie wären noch nicht fällig; aber seyne Schuhe seyen entzwei
    gewesen; von dem Regimente wären sie fällig.

12. Ob er sich worüber zu beschweren Ursach habe? – Nein.
13. Womit er seine Desertion entschuldigen könne? – Mit nichts.
Beim Verlesen bleibt er hiebey und setzt auf Befragen hinzu, daß er noch keine Sohlen bekommen, so lange er hier sey. Wann er sie des letzt wohl bekommen, weiß er nicht. Worauf Arrestant wieder in Arrest gebracht und geschlossen wird.

Volland
Lieutenant

Sentenz
In Desertions-Sache des Arrestanten Tobias Bügel, Gemeiner, erkannte ein löblich Kriegs-Recht nach gehaltenem Verhören für Recht: Ist Arrestant Tobias Bügel am 21ten in der Nacht von seinem Posten aufm Walle weggegangen in der Absicht zu desertieren, jedoch beim Sankt Annen Thor zurückgekehrt, nachdem er noch nicht von der Stadt entfernt gewesen, hat am Thore gewartet, bis ihn die Patrouille arretirt; so ist derselbe mit sechs mal Gassenlaufen durch 200 Mann auf und ab für ein Mal gerechnet, zu bestrafen.
So geschehen und besprochen beym wohlbesetzt Kriegs Rechte.
Jever, 26ten Januar 1784."

Man denn hebbt se dat Urdeel doch noch affännert.
So steiht dat to Papier:
„Das löblich Kriegs-Recht hat wohl gesprochen, jedoch wird dem Arrestanten die zuerkannte Strafe des Gassenlaufens aus dringender Ursache und weil derselbe viel Einfalt bey seiner Tat bewiesen, auch des völligen Vorsatzes zu desertieren nicht zu beweisen ist, obwohl er von seinem Posten gegangen, begnadigt und mit 30 Prügel auf dem Buckel in 2 Tagen, beym Gebete um 12 Uhr bestraft. Jever, den 27ten Januar 1784."

De Suldat Johann Jost ut de tweete Kompagnie van't Zerbster Regiment in Jever kreeg dat Urdeel Nummer 139.
He weer ok deserteert.
Dat Urdeel: 20mal Gassenlopen wurr affännert in
„10 Mahl Gassenlaufen durch 200 Mann in einem Tage, auf und ab für ein Mal gerechnet. So geschehen, beschlossen und besprochen bey wohlbesetztem Kriegs-Rechte. Jever, den 3ten März 1784."

Un denn seegh de Fürst to, dat he sien Suldatenvolk recht bold noch mal an well anners verhüern dee. Noch in't sülwige Jahr kemen se in den Kaiser sien Deensten, schullen für Österriek strieden. De sien Uniforms wurrn na Jever hen schickt. So leep dat Suldatenvolk van Jever tomal in de Österriekers hör Uniforms herüm.
Dree Jahr later, in't Jahr 1787, weren an de 400 Suldaten in Jever, man denn wurrn 179 Mann in Marsch sett't: na Luxemburg in den Kaiser sien Deensten.

De Suldatenhannel hett dissen Fürst van Anhalt-Zerbst in de Jahren en goot Stück Geld brocht.

1793 schreev de Dozent Dr. Crome ut Gießen in dat „Journal für Staatskunde und Politik" enen Artikel över de „Reichsunmittelbare Herrschaft Jever", de, so as he schreev, an sien „Vaterland" angrenzen dee. Crome weer in de „Reichsunmittelbare Herrlichkeit Knyphusen" up de Welt kamen.

Crome schreev:

„Die Summe der Einwohner beträgt, den nachfolgenden genauen Tabellen zufolge, so, wie sie 1791 im Lande selbst aufgenommen wurden, 14 586 Seelen. Dabei fehlt nun noch der größte Teil des beträchtlichen Militärs, welches jetzt in Luxemburg liegt, vorher aber größtentheils in der Stadt Jever in Garnison war und zu manchen Zeiten an die 900 Köpfe betrug."

Crome meen, dat dat bäter weer, wenn disse Herrschaft Jever mal in de Hannen van en Regent keem, de ok in Jever wahnen dee. Denn bleev all dat Geld ok in't Land. Fürst Friedrich August van Anhalt-Zerbst harr noch nie in sien Läwen in Jever wesen.

Ünner Crome sienen Artikel van 1793 steiht schräwen:

„NB. Beim Abdruck dieses Bogens verkündigen die öffentlichen Blätter den Tod des Fürsten von Anhalt-Zerbst und die Besitznehmung Jeverlandes durch die Kaiserin von Rußland. – Nun unter Catharina II. menschenfreundlichen und wohlthätigen Regierung blühet dies Ländgen noch mehr empor!"

Ganz vergäwens weer dat Moorden

Suldat Janssen

Nix för ungoot, Suldat Janssen, man mien Gruweln lett nich naa,
wenn ik bi Di, Suldat Janssen, an Dien Graffstää sitten gah.
Verhaal mi en Sett. – Och, so warm schient de Sünn!
So bliev ik bi Di för en lüttk Viddelstünn.
Man ik seehg up Dienen Graffsteen, Du weerst erst nägntein Jahr, büst
al fallen för den Kaiser, Nägntein-Seßtein. GLORIA!
Geiht dat fix bi so'n Held, wenn sien Ogen denn breckt,
oder, segg, Suldat Janssen, büst Du elend verreckt?
        Sloog de Trummel ganz luut?
        Geev dat Ehrensalut?
        Geev de Preester sienen Segen
        un se leten Di in't Graff?
        Hett dar well ok en Leed för Di sungen?
        Un de Trummels,
        un de Trummels,
        hebbt de klungen?

Büst verheirat't? Büst versproken? Büst en Leevsten? Büst ein Fründ,
dat van Harten ok Gedanken noch för Di bläwen sünd?
Man büst Du ok fall'n Nägntein-Seßtein – GLORIA! –,
well noch an Di denkt, för de bleevst Du nägntein Jahr.
Ov büst Du een van de Frömden, büst verloren, UNBEKANNT,
van de dat hier doch so veel geev in de Höll van't NIEMANDSLAND
In den Holtrahm'n achtern Glasschiev seehg ik bleek un ganz dünn:
Dit ol Foto weer Dien Paßbild, ganz verfräten van de Sünn.
        Sloog de Trummel ganz luut?
        Geev dat Ehrensalut?
        Geev de Preester sienen Segen
        un se leten Di in't Graff?
        Hett dar well ok en Leed för Di sungen?
        Un de Trummels,
        un de Trummels,
        hebbt de klungen?

Och, so warm as hier de Wind weiht, dat Land straakt un eit,
un de rode Moon, de gleuht so, he danzt, wenn he bleuht.
All de Grabens, all de Löcker sünd al lang ünnern Ploog.
Van de Gelbkrüüz-Gasgranaten gääv dat mehr as genoog.
Man so'n Acker vull van Doden blivt alltiet NIEMANDSLAND.
All de Krüzen sünd de Tügen för blinnen Unverstand:
van Strammstahn, Stäken, Schäten: den Naber sien Kind,
wenn een Jahrgang achter'n annern na de Slachtbank hen findt.

Sloog de Trummel ganz luut?
Geev dat Ehrensalut?
Geev de Preester sienen Segen
un se leten Di in't Graff?
Hett dar well ok en Leed för Di sungen?
Un de Trummels,
un de Trummels,
hebbt de klungen?

Un denn moot man sik doch fragen, Suldat Janssen, mien Fründ:
Weet't denn all de, de hier doot liggt, wor se üm stürben sünd?
Deest Du ehrlich dar an glöwen, as se seggen wu dat weer,
dat de Striet för alle Tieden dör den Krieg to Ennen weer?
Ganz vergäwens weer dat Lieden, weer de Stolt, weer de Not?
Ganz vergäwens weer dat Moorden,
weer de Schann', weer Dien Dood!
Denn Suldaten heet't noch Janssen, staht noch stramm, alltiet weer
alltiet weer un alltiet weer, alltiet weer, alltiet weer.

Sloog de Trummel ganz luut?
Geev dat Ehrensalut?
Geev de Preester sienen Segen
un se leten Di in't Graff?
Hett dar well ok en Leed för Di sungen?
Un de Trummels,
un de Trummels,
hebbt de klungen?

An well schall ik mi wennen?

An well schall ik mi wennen
in disse slechte Tiet?
An alle Stäen un Ennen
is Affgunst blots un Striet.
Mit List un leegen Sinn
fangt se Rekruten in.
Suldat schall elk een weerden,
is he nu groot ov minn.

De Herrschaft hett beslaten.
Wi schüllt in't frömde Land.
Suldaten weerd dootschaten,
van anners een sien Hand.
So löppt dat in de Welt:
De Herrschaft kriggt veel Geld;
un wi, wi gaht toschannen.
Suldaten blievt in't Feld.

Heer Vader un leev Moder,
hört to, wat ik Jo Klaag:
Mi dwingt se in de Deensten
na d' Festung hen vandaag.
Seggt, wat regeert de Welt?
Dat Lögen un dat Geld.
Well Geld hett, de kann blieven.
Well nix hett, moot in't Feld.

Rund ümto

Wat sömmerdags noch prahlt
un gode Frucht verspreckt,
verdarvt in'n Harvst, fallt dal,
is winterdags bedeckt
van'n witten Snee,
van'n witten Snee.
In't Vörjahr greut de Saat.
Faat an, Fründ, dat is laat.
> Denn dat geiht rund ümto
> Denn dat geiht rund ümto
> Denn dat geiht rund ümto
> Denn dat geiht rund ümto.

Un ut de Saat greut Gras,
maakt brune Ackers gröön,
bedeckt all dat, wat wi
al bold vergäten harrn.
Wat sünd wi Narrn!
Wat sünd wi Narrn!
De Sünn maakt Gras so rot
as den Suldat sin Bloot.
> So geiht dat rund ümto
> So geiht dat rund ümto
> So geiht dat rund ümto
> So geiht dat rund ümto.

In't Gras bi't Bombenlock
brött't Aanten Eier ut.
An'n Rand, dar steiht en Jung,
he hollt in'n Arm sien Bruut.
Oh, help uns, Herr!
Oh, help uns, Herr!
Faat an, Fründ, dat is laat!
De Jung is bold Suldat.
Faat an, dat't nich so wieder geiht,
dat sik dat Rad nich wieder dreiht.
> Swieg still van: rund ümto!
> Swieg still van: rund ümto!

Stadtpark-Song

wor fröher mal de stadtpark weer,
is nu al lang en paradies:
mank stiekels, gras un wiechelnholt,
un middenmank en ole bank
de is noch överbläven.

wor fröher mal de stadtpark weer,
harrn göös un aanten hör quarteer.
mank stiekels, gras un wiechelnholt,
weer waterlock bi waterlock
dat harrn de bomben fräten.

wor fröher mal de stadtpark weer,
sitt't junge lüü. de tiet is riep
mank stiekels, gras un wiechelnholt;
man elk een dröömt för sik alleen
van leevde un van'n fräden.

wor fröher mal de stadtpark weer.
faat an, mien fründ, un drööm nich mehr
mank stiekels, gras un wiechelnholt!
smiet dien gewehr in't waterlock
ik plück di dusend blömen.

Fallen

Minsken
dootmaken
is
Moorden.

Swien
affstäken
is
Slachten.

As'n Swien
affstaken weerdn up't Slachtfeld
is
Fallen.

Ok de Parpendikel drivt

Wille Ogen

Dat weer an'n Abend in de Schaapscheertiet
– nett as ut düster Wulken Drüppen fullen.
Den Rägenbagen mit sien braken Lucht
seehg ik so as vandaag an'n Häben hangen.
Du kääkst mi an, mien Leev, to'n allerleßden Mal.
Alltiet denk ik an Diene willen Ogen.

Dar weer kien Rook in d' Hüüs de ganze Nacht,
ok nich bi mi un nich in't Huus van d'Lewerk;
man siet de Stünnen hebb ik an Di dacht,
an't braken Lucht van dissen Rägenbagen.
Du keekst mi an, mien Leev, to'n allerleßden Mal.
Alltiet denk ik an Diene willen Ogen.

Ik denk för mi, mien Leev, ik weet't nu doch.
Wat dat bedüden schull, hebb ik nu funnen:
De Rägenbagen mit sien braken Lucht
seggt, wat Dien Ogen mi harrn seggen wullen.
Du kääkst mi an, mien Leev, to'n allerleßden Mal.
Alltiet denk ik an Diene willen Ogen.

En Wind sprung up

In dissen Tuun van unriep Frücht
hebb'k wään den ganzen langen Dag,
as kolt un klar dat Lucht dalfull
van disse hart-gröön Appels
un wurr minner.

Hier weer't,
wor'k mit mien eerste Leevste leep;
man as'k mi överbögen wull,
weer se verswunnen in hör Kinnertiet.
Ik hebb hör nie mehr sehn.

En Wind sprung up.
De Knuppen prasseln in dat Holt.
Se rullen över mi. Denn keem de Daak.
So weer't, as ik noch nich geboren weer.
man nu is't kolt, so kolt.

Blömen

Blömen mit de rode Klöör
laat't de Köpp nu hangen.
Buten luurt well an de Döör,
hett na Di Verlangen.

Wat he will, dat is nich goot.
Du schast bi mi blieven.
Lett dat Wienblatt noch so rot,
d'Wind will't doch verdrieven.

Ok de Parpendikel drivt.
Wiesers mööt't sik dreihen,
seggt mi, wor dien Läwen blivt.
Laat Di noch mal eien!

Dag un Nacht

As ik noch
allens wuß un nix;
as ik noch
allens wull un dee dat fix,
un dee dat
ganz alleen för Di,
probeer dat
Stünn för Stünn
un Dag för Dag;
as ik noch
allens wull bi Dag un Nacht,
– ov dat ok gung,
   dar hebb ik nie an dacht;
as ik noch
allens wull, un doch mißachten dee,
ov dat ok gung,
wenn'k an Di denken dee
un mi dat Woort infull,
as ik de Tiet noch funn
un singen kunn
un luern kunn,
ov dat ok klung;
as ik noch
allens wuß un nix,
dar schreev ik noch
en Leed
för Di.

So männich Mal

– för Hannelore –

So männich Mal
hebb ik mi al
Gedanken maakt,
wenn ik hier in
mien Kamer seet
to schriewen,

un Du, Du leegst
in't Bett un luurst
up mi un dachst:
Wor blivt de Mann?
Vergett de sik
bi't Schriewen?

Vergett he uns?
Vergett he mi?
Wenn he dar sitt
un schrivt un schrivt
so männich Mal.
Wor he blots blivt?

Bävern

Hebb stillkens
alltied
van mi glöövt:
ik weer en groten Boom.
Man nu,
wor in den
heten Harvst
tomaal
de Störmwind reert,
sün ik man blots
en lütjen Struuk,
de sien Blöö verlüst,
dat se drievt
un drievt.
En lütjen Struuk,
de sik bävern böögt
in'n Störmwind
van den
heten Harvst.

Waak wään as en Seismograf

Free

Batz, floog de Döör up. De lüttje Deern stunn in de Stuuv.
„Papa, Papa! De Vögels!" reep se. Un se weer rein ut'n Tüüt.
„Wat för Vögels, Deern?"
„De ik flegen laten will, Papa! De du mi kopen schast!"

Ünnen in't Huus weer en Koopmannsladen, Koopmann Cornelssen
sien Koopmannsladen. He harr Vögels to verkopen: Finken, Papa-
geien, Kanarienvögels un noch veel anner Surten. Un van disse Vögels
schull Vader eenen kopen, meen de lüttje Deern annerleßd. Se wull
hüm denn buten flegen laten, dat he't ok so goot harr as de Kuckuck, as
de Kiewitt, as de Fink un all de anner Vögels. Free schull he wesen.

„Ja, Deern, un wat ist mit de Vögels?"
„De Finken, de sünd nu free, Papa!"
„Free? – Wu dat?"
„De Glasschiev van den groten Vögelkasten is ümfall'n. Fein, Papa, nu
köönt se all rut!"
Man dar stunn Vader al up sien Benen, truck Jack un Schoh an un gung
de Trepp dal, denn na Koopmann Cornelssen sien'n Laden hen. Sien
lüttje Deern leep achter hüm an. Wahrhaftig harr de Käfig en groot
Lock. Negen Vögels harrn so na buten kunnt.

„Papa, de sünd nu free! Se bruukt man blots dar achtern dör!"
Ganz upgeregt weer se, un se wies na de Luuk över de Ladendöör.
„Ne, mien Deern. Dat sünd Koopmann Cornelssen sien Vögels. Ik
segg hüm Bescheed."
„Man ik bliev hier!" reep se, „Ik wies de Vögels, wor dat na buten
geiht!"
En halv Stünn later keem se wedder na baben. Se pulter nich. Se trap-
pel nich. Se keek still vör sik hen.

„Na, mien Deern, wat ist mit de Vögels?"
„Och . . . "
„Is de Schiev dar weer vör?"
„Ja."
„Weer een wegflogen?"
„Kien een, Papa! Man de harrn doch free wesen kunnt", meen se. Se
harr alltiet na de Luuk henwiest. Man denn weer Koopmann Cornels-
sen kamen un harr se dicht maakt. Worüm de Vögels denn nich weg-
flogen weern, wull se weten.
„Ja, mein Deern", segg hör Vader, „de sünd in'n Käfig upwussen. Un
well nich free upwassen deit, de hett sik dar woll so an wähnt, dat he't
nich anners kennt."
En Tietlang sweeg se. Denn fraag se: „Papa, wull'n disse Vögels nich
free wesen?"

Un hör Vader meen: Dat much woll so wesen.

„Un, wenn dar nu doch mal een van wegflogen weer, Papa?"

Dat de Katt hüm denn woll fräten harr, anter de Vader.

Un de Deern wull noch mehr weten.

„De Katt? Well sien Katt denn, Papa?"

Och, dat gääv doch so veel Katten up de Welt, wuß he dar to seggen.

Man dat gefull hör nich. Se meen, dat Katten doch Müüs fräät't.

„Ja, Deern, Katten fangt Müüs; man wenn se't köönt, dann fangt se Vögels: Vögels, de krank sünd; Vögels, de old sünd; Vögels, de to dumm sünd."

Ov Koopmann Cornelssen sien Vögels denn dumm weren, wull se nu weten.

So lang se in'n Kasten seten, weren se woll kloog, meen Vader, recht kloog kunnen se faken wesen.

„Man wenn se free sünd, mien Deern, ik glööv, denn find't se sik nich torecht."

Un wedder sweeg se en Tietlang un maak en naadenkelk Gesicht.

„Free wesen, Papa, kann een dat nich lehren?"

Vader legg sien Hand up hör Schuller, keek sien Dochter an un meen:

„Deern, well nich free upwassen deit, de schall dat woll stuur fallen."

Se keek hüm mit groot Ogen an.

„Du, Papa, – en Vögel, de nich free wesen kann, de schast du mi nich kopen. En Fink in'n Kasten, de, de will ik nich!"

Un denn gung se wedder na buten.

Seismograf

Se bohrt. Siet Wäken bohrt se Löcker in de Är. Denn schuuvt se Dynamit in't Lock, Sprengstoff van de Firma Nobel. Se sprengt. Ünner'n Grund. Ünner d' Är. De Är, de bäävt, de schüddelt sik.

Dat Schüddeln un dat Bäven määt't se denn mit Instrumenten: Seismografen nöömt se de. Un wenn't denn schüddelt un wenn't bäävt, de Seismografenschrift danzt up un daal.

Ov't Kleigrund is, ov Gast, ov Moor, dat weet't de Lüü al lang; man se willt weten, wat dar achter sitt. Se gaht de Saak nu up den Grund. Se söökt – na Gas, na Öl.

Rumms! – de gung dör Bloot un Been. De Knee, de knicken in darbi; man hören kunnst du nix. Föhlen kunnst du't. Denken kunnst du't.

Du dachst mal wedder ganz van sülvst an Flegers, Bomben, Bunkertiet. Weetst du't noch?

Ji säten in'n Keller, man maken kunnen ji nix, blots luurn. Buten baller de Flak. Un denn dat Rumms! – Rumms! – Rumms! Dat schüddel jo, keem up jo to, leet jo up un daal wüppkern. Ji kropen tohoop in de Kellereck, de ganz Familie. Wenn al, denn all mitnanner. He harr dat seggt: Vader. He keek tomal na dat lüttje Fensterlock. Dar mussen ji dör, wenn dar Not weer; man harrn ji dat al utprobeert? Gung dat ok? Ji säten in en Muusfall. Dat röök na Füür. Rumms! Vader weer bleek in't Gesicht. Man disse Stahlhelm, disse belgisch Stahlhelm, mit de he na dien Dünken alltiet so putzig utsehn harr, de weer nu tomal beter as ganz kien. Dien lüttje Bröer blarr. Moder greep na jo Hannen. Harr se in de Minüt an mesten Courage? Rumms! – Rumms! – Rumms! Denn gung't Lucht ut.

Wat hett he seggt, dien Fründ? „Dat Spill is ut, dat is doch lang vergäten! Markst du dat nich? Wi möögt dat nich! Holl doch dien Muul! Wi willt dar nu nix mehr van hören." Un denn hest du hüm fraagt, ov du't in di daalsluken schust.

„Ja, daalsluken, stillkens in di daalsluken. Un denn so doon, as wenn –. As wenn! Dat is goot, mien Fründ! As wenn! Dat best Rezept. Wenn worgens up de Welt mal wat passeert, wat na de anner Lüü hör Dünken nich ganz Rechtens is, denn kiek doch weg! Sluut di ut! Boo dien egen Welt, dien egen Paradies. De groote Welt, mien Fründ, du kannst se doch nich retten. Un wat ik di noch seggen wull: Bedenk alltiet, dat du man een Mal läwen deist, un denn is't ut. Doo so, as wenn –!"

Man du, du büst van'n annern Slagg, wullt waak wään as en Seismograf, de allens marken deit. Wenn wat passeert, denn wullt du weten, ov dat Rechtens is. Un wenn se'n Düwel danzen laat't, un denn so dot, as wenn –, denn wullt du weten, wat dar achter sitt. Du geist de Saak denn up den Grund. Du helpst, so goot du kannst, dat't nich noch mal so kummt, as't fröher keem.

Twee Minsken

Drocke Stünnen harr he achter sik. Dat weer al laat. He stunn alleen up de Landstraat: Freddi Kortinski, Fleger, Major bi de Luftwaffe. Sien Uniform harr he uttrocken vanabend.

Dar keem well ut de Düsternis, leep up hüm to, blääv bi hüm stahn un segg: „n Ab'nd." − „Goden Abend" weer sien Antwoort, man sehn kunn he man blots den Schadden van en groot Mannsminsk.

„Na", fraag hüm de frömde Mann, „ok hier to neesgieren? Kaamt to laat. Harrn al hier wään mußt, as't noch swart weer van all de Minsken; as't noch brennen dee; as't noch stunk."

Freddi Kortinski muß an Willi denken. Willi weer sien Fründ wesen, en goden Kamerad.

De frömde Mann weer an't snacken: „Ick höör dat Ballern noch, seehg den Füürball noch, höör noch dat Susen un dat Gnistern. Batz. Hensmäten hebb ik mi. Kopp in'n Sand. Harr ik noch nich verlehrt. Ha! Harr Meut harrt mit mien Olsch. In de Köök. Üm wat? Üm'n Schiet! Kummst möö un kröpelig van de Fabrik. Den ganzen Dag Maschinenlarm: Stanzen, Pressen, Fräsen. Stanzen, Pressen, Fräsen. Stanzen, Pressen, Fräsen. Kummst na Huus, un dien Olsch is hibbelig. Un van wat? Och, fraag mi dar nich na! Ok van disse Flegers. Kannst di bold blots noch schriftlich ünnerhollen mit dien Fro. Seggst du man een Woort verkehrt, hest foors Meut mit hör, Meut üm'n Schiet!"

En goden Suldat weer Willi wesen. He harr noch Karriere maken kunnt.

De Arbeider vertell: „Na, ik weer rutlopen, weer man jüüst buten wesen, dar weer't al passeert. Batz. Dar harr ik lägen. Dar achter den Wall leeg de Fleger. En jungen Mann. Doot.Weer dat woll blots sien egen Schuld? Well hett hüm anners up't Gewäten? En annern Suldat? De in Bonn? De Fabrikant in Amerika? He weer ja nich de eerste, schall ok woll nich de leßde bliewen. Paßt se man up. Man de't wat angeiht, de swiegt still. Disse Stillswiegers! Hebbt se't sehn disse Daag in uns Wäkenblatt? Prozess gegen de Willshuser Fallschirmjägers. ‚Gefängnis für die Ausbilder zur Bewährung ausgesetzt', steiht dar."

Nu full Freddi hüm in't Woort. Dat weer ja doch woll to veel, meen he an hüm, un dat he uphollen schull to hissen. Dar wurr blots wat hochspäält van de Zeitungen. Weren doch allens blots Minsken, üm de dat dar gung. Schull he sik sülvst doch mal ankieken. Vör en paar Stünnen, harr he dar nich noch Meut harrt mit sien Fro?

„Hochspäält? − Se sünd woll ok een van de dar, wat? Se, de Offiziersanwärters hebbt sik van hör Utbilders in'n Mors petten laten. Stunn doch allens in de Zeitung."

„Nu man sinnig! Stimmt denn ok allens, wat in de Zeitungen steiht?"

„Hebbt sik in'n Mors petten laten van hör Utbilders, hebbt sik allens gefallen laten. Se wullen ja Karriere maken. Se, dat gifft mi wat to'n Denken! Se nich?"

Man Freddi meen, de harrn hör Plicht daan, un denn fraag he den Arbeider, ov so wat nich jüüst so got mal in de Fabrik passeeren kunn, ov't dar nich ok mal Vörarbeiders gääv, de mit hör Lüü nich torechtkaam. „Plicht doon?" fraag de Arbeider so'n beten minnachtig. „Willt se uns dar nich mit kopen? De Suldat schall sien Plicht doon. De Arbeider schall sien Plicht doon. Ok de Finanzlüü dot hör Plicht: se striekt dat Geld in. Ok disse Pilot hett sien Plicht daan. Un disse Starfeiters? Denkt se dar mal över na. De köst 'n Masse Geld. Well kriggt dat Geld? Masse Larm maakt de Starfeiters un gaht över Kopp. Mien Fro harr ganz fröher mal Perlonstrümp, de gungen vör Gewalt nich kört. Dar hett de Fabrikant ganz fix anner Strümp maakt; man de weren lang nich mehr so goot. Un in uns Fabrik maken wi fröher mal Maschinen. Well dar noch een van hett, de schall se nich verkopen, süxe goden givt't nich mehr. Se weren nich kört to kriegen. Man nu? Holl mi doch up! Dat Geld moot rullen. Fabrikanten schüllt mi nich wiesmaken, dat se kien beter Maschinen maken köönt. Wenn so'n Starfeiter huult, denn sitt ik blots noch un luur, wor de woll insleit, sitt in de Fabrik to gruweln un hebb Angst üm mien Familie. De schüllt sik wunnern! Ik sünn en Arbeider ut de Fabrik, man ik laat mi nich mehr für dumm verkopen. Worüm koopt de in Bonn kien beter Maschinen? Un wenn de't nich givt, denn schull'n se dit Himmelfahrtskommando verbäden. Läwen is doch mehr wert as Malljageree! Ik fleut up den Staat, wenn dat dar up ankummt. De schüllt sik wunnern. Ik – holl nich mien Muul. Ik – bruuk nich Karriere maken. God'n Nacht."

Dar leep he weg, de grote Mann. Freddi Kortinski harr hüm noch wat seggen wullt, man nu stunn he alleen mit sien Gedanken, un hüm weer, as höör he noch mal de Mikrofonstimm, de reep heesterk: „Trie – Trie – Trie ————— Trie – Trie – Sieroo!"
Van den Flugplatz her klung dat Hulen van Motoren.

En groot Geblaar

Se harrn hüm to Söök harrt. Se harrn hüm al utpingeln laten van de Stadt. Se harrn hüm al dootseggt. Dar weer wat los wesen! All Lüü snacken van hüm.
„He is doch nich doot! Heest al hüört? He läwt noch!"
„Well?"
„Lütt Budi! Kennst de nich? De dar bi'n Karkplatz wahnt an'n Wienhuusgang, weetst woll, bi't Rathuus."

Budi lääw. Man wor harr he säten? Se harrn späält. Budi weer in en Kartuffelkist krapen. Dar harrn de anner Kinner 'n Deckel updaan, tja, un denn dichtmaakt mit'n grooten Hamer un mit dartein Spiekers, menen de Lüü, twee un 'n halv Toll. Tominnst weer he dar nu wär, un he druff ok mitspälen mit de anner Kinner van de Wienhuusstraat.

„Wat willt wi denn mal spälen?" fraag he de anner Kinner.
„Begräffnis?" meen de een.
„O ja!" reep Fritzi, „Budi, du büst de Liek!"
Fix dat Plättbrett ut Moder hör Achterköök. Dar packen wi Budi denn up. Mit Handdöker decken wi hüm to. Budi weer de Liek.
Een van uns harr 'n lüttjen Handwagen.
„Twee Peer vör den Wagen: du – un du! Ok mit Handdöker bihangen!"
Denn gung't los. Walter weer de gröttst. He leep achter den Wagen. Stolt sett he Foot vor Foot. He nööm sik Rabbiner. Pastor kunn he sik nich nömen, harr he seggt, man en Rabbiner weer dat sülwige, meen he. Denn man to. Uns Kinner weer't nett gliek. Wi lepen dar achteran.
Denn schull'n wi luuthals blaar'n, harr de Rabbiner seggt. Dat deen wi denn ok. Fritzi kunn't an besten. Ja. He weer een van den Rabbiner sien Familie.
So trucken de Peer den Liekenwagen dör de Wienhuusstraat, denn dwarß över de Burgstraat na den Wienhuusgang. Dar weer dat so eng. Dar klung dat so frömd. Dar lepen wi achter den Liekenwagen an, Foot vör Foot, dör dissen langen Gang na'n Karkplatz hoch – eernsthaftig un mit en groot Geblaar.

Den Wienhuusgang givt't nu al lang nich mehr. Wor Budi wahnen dee, sitt nu de Füürwehr.
Budi? Bleev he in't Feld?
Walter un Fritzi? Wor sünd se bläwen?
Wu lang hebb ik dar al över gruwelt, un ik höör dit groot Geblaar – van Tiet to Tiet.

Achter'n Diek

Karmel nöömt se den Barg. Dar staht veel Hüüs. De Stadt is an'n Barg hochwussen: ünnen de Haben, dar dann över de Geschäften, över de Geschäften de Wahnhüüs, över de Wahnhüüs un baben up den Barg de Luxushüüs. Witt blänkert de Müern, de Hüüs, de Stadt. Faken sütt een Huus jüüst so ut as dat anner; man van binnen, so seggt de Lüü hier, van binnen seehgt de Hüüs hier nett so ut as de Minsken, de dar in wahnt. Minsken ut de ganze Welt.

In een van disse Hüüs weer ik to Bisöök – dat weer in'n November-
maand 1968 –, in en Huus an de Hanna-Senesh-Straat. Wu dat Huus
van binnen utseehg? Half na Ungarn, half na Dütschland.
„Wie mich das freut, ganz besonders auch für meinen Mann. Jetzt
müssen sie auch plattdeutsch mit ihm reden, hören Sie? Sie sind der er-
ste Besuch aus seiner Heimat seit dreiunddreißig Jahren."
Dar stunn he. De Ogen achter sien swatt Brill, de lepen hüm bold över.
Un ik? Kien Woort krääg ik rut, kunn hüm blots de Hand drücken.
„Schalom, mien Fründ", segg he, „Schalom alechim! Wu ik mi freu,
dat se dat wahrmaakt hebbt! Dat se kamen sünd!"
Sien Huus hett groot Fensters na Noord, na See to un na de Bucht hen.
Staatsche Schääp lägen dar ünnen up't blau Water, lepen in, lägen vor
Anker, lepen ut. Se sehgen nett so ut as groot Biller, as Seestücken,
disse Fensters. Man ok an de Müern hungen Biller. De wies he mi. Wi
lepen dör't Huus.

„Achter'n Diek", meen he, un „Carolinensiel in Ostfreesland. Dar
bün ik geboren so as mien Vader, so as mien Grotvader un ok de sien
Vader."
„Ssüso", meen ik, „Clinerwind, wa?"
Meen he: „Ganz recht, en Clinerwind bün ik." Un he smüster. „Ja, de
harrn Klei an de Fööt. Buern, Slachters, Hannelslüü."
Dar hung dat Bild van en Student ut oll Tieden.
„Kiekt se sik dat goot an", meen he. „So seehg ik fröher mal ut. In de
Jahren weer ik noch Dütsch-National bit up de Knaken. Ha! Ik! Un
mien Bröer leet sien Been för den Kaiser."

En groot Bild van en jung Fro hung dar noch, un neben dit Bild noch
dat Foto van en Grootstadthuus.
„Dat weer mien erste Fro, dit mien lüttje Fabrik in Hannover. Wi we-
ren glückelk, man över Nacht keem allens anners. De SA hau allens in
Klump. Mi hauen se halvdoot. Wi mussen weg. Ick hebb hör nie wed-
dersehn; to'n leßden Mal höör ik wat van hör ut Lodz. Ghetto. Mien
Wegg gung över Riga na Rußland. Dütsch-National weer ik mal we-
sen. Zionismus? Nix harr ik dar van wäten wullt, man ik seehg dat in.
Zion – dat is Jerusalem. Dar ist bold kien een Gebett, dar is bold kien
een Festdagg för uns, wor uns de Schrift nich seggt: Wi kaamt torügg,
wenn de Tiet erst kamen is; wi kaamt torügg na Huus, torügg na Zion,
na Israel. Ik wurr en Zionist. 1935 leep ik to'n ersten Maal dör de Stra-
ten van disse Stadt. Frömd weer mi allens. Twee oll Lüü lepen dar vör
mi över. De Mann kääk sik na mi üm, un ik höör hüm seggen an sien
Fro: Weer dat nich Siegmund sien Jung? Bekannten weren't. Ik weer
nich mehr alleen. – Wat denn keem, dat weren stuur Jahren: Striet mit
de Arabers. Striet mit de Engländers. Mandatstriet. Se wullen uns dat
Inwannern verbäden. Nu tomal. Harrn de Engländers uns nich en blie-
ven Recht up Heimat toseggt? Dat weer de Balfour-Declaration an'n

2. in'n Novembermaand 1917 wesen. Man wi setten uns dör. – Ik harr bold dat Leit as Ingenieur bi de Schääp van de ZIM. Leßd Jahr weer mien Tiet üm. Ik keem up't Ollendeel. Mien Bröer ut Dütschland schrääv mi. Wi schullen torügg kamen, schrääv he, schullen bi hüm wahnen. – Ik snack ja geern mal en Woort Plattdütsch. Geern denk ik ok mal torügg an mien Studentenjahren. Man wat schall ik in Dütschland? – Ik hebb Haifa mit upboot, de ZIM. Snachts föhren wi mit Lastautos in't wööst Land, boen dar över Nacht Holthüüs up mit Wachttoorns darbi, de eersten Hüüs van de Kibbuzim. Kibbuz. Weet't ji, wat dat heet? Gemeenskup heet dat, wor sik de een up den annern verlaten kann. Wehrdörp heet dat. Ik na Dütschland torügg? – De Hüüs hier an den Barg Karmel hebbt hör Luftschutzbunkers. De Minsken hier hollt tohoop. So veel Minsken, so veel Köpp, wurd faken seggt, un dat wi en Volk weren, wor elk Minsk sien egen Menen hett. Stimmt! Man wenn se uns an't Läwen willt, denn hollt wi tohoop. Wi laat't uns nich in de See jagen, nich de Orthodoxen, nich de Liberalen, nich de Reformisten, ok nich de, de ganz nix glöövt. Ja, dat givt ok Jöden, de hebbt dat Glöwen verlehrt. Is dat bäter bi jo Christen?"

Ik swääg. Wi gungen na dat Fenster hen. Sien Fro reep uns. De Koffi weer nu klaar, meen se. He keek mi an un wies na buten. „Dar ünnen is de Haifa-Bucht. De Schääp dar, dat sünd uns Schääp, Schääp van de ZIM. Hier höör ik her. Ik bün en Israeli."

Neje Bögels

„Hebbt se woll 'n anner Brillengestell för de Deern?" En grooten, stäwigen Minsk weer de jung Mann, de dat fragen dee. Fiefundartig Jahr old much he wesen. Sien Ogen harr he so'n bäten tosamenknäpen, as he den Optiker fragen dee. Sien Gesicht leet biester. Krott un vergrellt klung ok sien Fragen.

Bi hüm stunn en Deern. Twelf Jahr so wat much so old wesen. Lang und unbehulpen stunn se dar, harr in hör lang Gesicht den Mund halv open hangen, un up hör Nöös hung as twee Wagenröö en halvbruun, bunken Brill; man de haar kien Bögels mehr an de Sieden, weer mit twee Ennens Draht achter de Ohren fastmaakt. Achter smärig Glöös dösen twee Ogen – stump un sünner Moot.

De Optiker schüddkopp. Ne, he harr kien Gestellen mehr för dit Glasformat. Dat geev't woll nich mehr. Un he meen, dit Gestell weer ok al veels to lüttk för de Deern. Se weer woll wussen.

He fraag den jungen Mann: „Wu lang hett se de Brill al?"

Un de jung Mann fraag de Deern: „Janna, wu lang hest de Brill?"

Se swääg un röög sik nich.

„Wu lang du de Brill al hest, hebb ik di fraagt!"
„Al lang." Mehr segg se nich.

De Optiker meen, de jung Mann schull man erst mal mit de Deern na'n Dokter gahn.
„Na'n Dokter?"
„Ja, na'n Ogendokter. Se bruukt seker ok anner Glöös. Bi Kinner moot dat de Ogendokter verschrieven."
„Wat'n Ümstand! – Ik hebb kien Tiet."
„Denn nehmt se sik de Tiet."
„Ne, dat doo ik nich. De Deern is blots noch vandaag up Visiet bi uns – mien Fro hör Süster. Ik harr hör ja geern hulpen, dat se nich jahrenlang mit den Draht achter de Ohren rümlopen moot. Willt se nu, ov willt se nich? – Wenn de Deern erst wedder to Huus is, denn wurd dar doch nix van."
„Denn wurd dar nix van?" fraag de Optiker. „Wu dat?"
„Och", meen de jung Mann minnachtig, un he wenk mit de Hand af. „Se kennt den Olen nich, wat de Deern hör Vader is. Dissen olen Stupiter, de! Harr de Deern man nich noch in de Welt setten schullt! Wahnt dar achtern bi't Moor, weetst woll, wor de Welt to Ennen is. Lett allens so lopen, de. Kehrt sik üm nix, nich mal üm de Deern. De moot van sülben upwassen, hett he mal seggt."
Wu lang de Stilters dar denn al af weren van de Brill, wull de Optiker nu weten. Un de jung Mann fraag wedder de Deern: „Janna, wu lang lööpst al so?"
Man se swääg un röög sik nich.
„Verdammt, ik hebb di wat fraagt. Gääv Antwoort, du! Wu lang du al so löppst, will he weten!"
„Al lang." Mehr segg se nich.

Un de Mester? Wat de Schoolmester dar to seggt harr, wull nu de Optiker weten. De harr hör hulpen, meen de jung Mann, un dat de Schoolmester hör de twee Ennens Draht dar anmaakt haar. So gung de Optiker in sien Warkstää. As he wedder keem, weren dar twee neje Bögels an de halvbruun, bunken Brill. De Optiker nähm Maat wegen de Längde van de Bögels un boog dar denn an.
„So, dat weer't", meen he; man denn wull he de Brill noch sauber maken.
„Kiek mal, Deern, so maakt'n de Glöös sauber. Kannst ok driest mit Seep un mit Water bi gahn, un wenn dat denn noch nich hulpen hett, denn do wi't mit Brennsprit. Sprit helpt ümmer. Hett dien Vader Sprit in Huus?"

Dat harr he man jüst seggt, dar lach de jung Mann tomal luuthals los, so luuthals un tomal, dat de Optiker sik verschruck. De Deern klapp den Mund to. Ümmer noch lach he, bölk he. Füünsch klung dit Lachen.

177

„Sprit in Huus! Sprit helpt ümmer!" reep he minnachtig. „Sprit is ja
jüst uns groot Mallör. Dissen olen Stupiter! Se schullen hüm mal biläwen, wenn he sopen hett. Wu he na Sprit gielt, wenn dar nix mehr is!
Een Buddel Klaren an'n Dag tominnst! Wenn he den nich kriegen deit,
denn verhaut he sien Olsch un ok woll mal de Deern. Sprit in Huus!
Kaamt se mal hen na't Loog bi't Moor. Fraagt se mal de Lüü na Harm
Suupjack. Bekannt is he as'n bunten Hund. Dar is woll kien Slootskant, an de he noch nich lägen hett – vull bit baben hen. Ja, de Lüü. De
Lüü kennt hüm goot, kennt ok dat elendig Läwen van sien Familie, de
ünner hüm to lieden hett; man mi dücht, se maakt dar all mitnanner 'n
grooten Bogen üm, all mitnanner. – Man goot, dat wi dar nich wahnt."

Vör Schreck harr de Optiker vergäten, dat he de Brill putzen wull.
„Ja", meen he, un he putz wedder, „man köönt se de Deern denn nich
helpen? Nehmt se hör doch bi sik na Huus."
Dar blitzen den jungen Mann sien Ogen. Biester verknääp he den
Mund, stunn dar stief un knüll de Füüst. „Wat? – Wi? – Wi de Deern?"
Un denn fung he an to schellen: „Wat fallt se in? Kehrt se sik man üm
hör Brillen un nich üm anner Lüü! Wi de Deern. Ha! De Brill hier, de
betahl ick; man so veel Geld verdeen ik nich. Un up de hoge Kant bringen willt wi ok noch wat. En Huus boen willt wi tokumm Jahr. Wenn wi
de Deern bi uns harrn, dat schull Harm Suupjack woll goot topaß kamen! Denn soop he twee Buddels Klaren an'n Dag."

He harr de Glöss nu blank un klaar.
„So", segg he, gung up de Deern to un sett hör de Brill up d' Nöös.
De Deern leet wedder den Mund halv open hangen, man anners vertruck sik nix in hör Gesicht.
Achter de Glöös disse Ogen – stump un sünner Moot.
De Optiker verlang na't Geld. De jung Mann betahl, segg „God'n
Dag" un truck de Deern achter sik an na de Ladendöör un na buten
hen.

Animus Novus (Dat Goldschipp)

Meesttiets weer dat an'n ersten Sönndag in'n April. Eenmal elkeen
Jahr. Denn leet Goldsmitt Hokema sien'n nejen Lehrjung to sik na
Huus hen kamen. Hokema weer en Meister in sien Handwark. Ganz
veel Lüü geev dat, de hör Kinner bi dissen Mann in de Lehr schicken
wull'n. De Künst, de he lehr! Dat Gold un de Ehr! Un all dat Gold, wat
de Meister harr, menen de Lüü. Goldsmitt, dat weer doch wat!

Meister Hokema seet up'n Stohl in sien Stuuv.
„Sett di up de Bank, Eilert! Na, wu weer de erste Wääk?"

„Och, ik kann ja noch nix."

„Laat man, Jung. Wenn een wat lehren will, denn moot he ganz lüttk anfangen. In de erste Wääk hest du so allerhand Fummelkraam maken mußt. Test nöömt wi dat, Eilert. Büst dar klook ut wurden?"

Nä, begräpen harr he dat nich. Un so fraag he denn ganz bang, wat he allens verkehrt maakt harr. „Nä, Eilert, laat man. Is goot so."
Dat mit de Arbeit in de Warkstää, meen Meister Hokema, dat schull Eilert woll lehren, wenn he alltiet fliedig un willig bleev. Man wat he noch wäten wull: Harr Eilert ok genoog anslägschen Verstand?
„Anslägschen Verstand, Meister, wat heet dat denn?"
„Wenn du so ut'n Kopp wat utfinnen kannst, Eilert. Wenn du di sülvst wat utdenken kannst: 'n Bild, 'n Ring, 'n Kett; wenn't wäsen moot, denn ok'n Vertellen. Wenn du dat kannst, Eilert, denn hest du genoog anslägschen Verstand."
„Ok 'n Vertellen?"
„Ja. Na mien Dünken is't goot, wenn du ok'n Vertellen utfinnen kannst."
Nä, dat kunn Eilert woll nich. Man of de Meister dat denn kunn!
„En rechten Meister van sien Künst moot dat ok könen. Eilert, wenn du naast as Goldsmitt nich ok mal wat sülvst utfinnen kannst, denn kannst du blots Ringen lüttker un wieder maken, flicken, affännern; un wenn't hoch kummt, denn maakst du mal na, wat anner Lüü di vörschrievt. Man ik glööv, Eilert, so'n lüttk Spier anslägschen Verstand hest du doch, un dat willt wi plägen, Jung. Laat uns man mal mitanner 'n Vertellen utfinnen."

Eilert weer nu doch bang; man Meister Hokema meen, se wulln anfangen. Eilert schull hüm nu seggen, van wat se 'n Vertellen maken wulln. He keek üm sik to, as wenn he na Hülp söken dee. Goldsmitt Hokema steek sik 'n Zigarr in Brand. Dar grepen Eilert sien Ogen na den moien, bunten Zigarrenkasten.
„Drööf ik den Kasten mal sehn, Meister?"
Hokema lach. He geev hüm den Kasten.
„Lehrjung, Lehrjung! – Smöökst du al Zigarrn?"
„Nä, dat nich. Man dar is 'n Bild up."
„Goot, Eilert. Vertell: Wu sütt dat Bid ut?"
„Moi, Meister."
„Nä, Jung, so meen ik't nich. Segg mi: Wat kannst du sehn up dit Bild?"
„En Schipp. Dat Schipp föhrt dör Water. – En ganz ol Seilschipp, Meister. Allens is schier van Gold: dat Schipp, de Masten, de Seils. In't Water spegelt sik dat Gold. Dar is noch 'n golden Band, Meister. Up dat Band steiht schräven: *Animus novus*. Meister, wat heet dat?"
„Dat is Latien, Eilert. – *Animus novus*. Ja, dat kann heten: de neje Sinn, de neje Seel, de neje Geist."

„De neje Sinn, Meister, so schall dat Schipp heten, dat ole Seilschipp."
„Goot, Eilert. Dat Bild gefallt mi. Nu höör mal goot to."

Un denn maak de Meister Hokema 'n Vertellen, för dat de Lehrjung
Eilert mit 'n lüttk Spier anslägschen Verstand dat erste Bild un den
Sinn utfunnen harr.

„Dar weern mal Minsken – vör lang, lang Tieden, de seehgen to'n er-
sten Mal dat Gold, dat echte Gold; un dat Gold blänker as de Sünn.
Dar sehgen de Minsken en Teken in. Wat utseehg as de Sünn, dat weer
säker ok dat Gode, dat Schöne, dat keem woll van de Sünn. De Sünn:
de weer är Gott. Den Sünnengott to Ehren maken se en Schipp. Schier
van Gold weer dat: de Masten, de Seils un ok de Schippsbuuk. Dör un
dör van Gold; blots swemmen kunn't nich, man swemmen schull't ok
nich. Dit Goldschipp schull de Seelüü un dat Volk an de Waterkant en
Denkmal wäsen. En Wiespahl: Denkt an dat Gode! Hannelt dar ok na!
Weest goot mitnanner! Mit ganz veel Goldsmitts arbeiden se dar an,
hör Läwen lang, den Sünnengott to Ehren. Denn setten se't an den
Strand, dit Schipp, dat nich swemmen kunn, dissen Wiespahl för dat
Gode. So harrn disse Goldsmitts dat Gold 'n Sinn gäven, 'n goden
Sinn.
Man bold kemen söben Schääp an dissen Strand, Schääp mit frömde
Minsken. Disse frömden Minsken seggen ut as de Unschuld: bleek Ge-
sichten harrn se. De Bleekgesichten harrn höört, dat't hier Gold gäwen
schull. Gold! Well dat harr, de harr ok de Macht, menen de Bleekge-
sichten. Gold wulln se hebben. Denn sehgen se dat Schipp. Se setten
sik tohoop un besnacken, wu se't woll kriegen kunnen. Bi Nacht ke-
men de Bleekgesichten an Land. Se maken allens doot: all de Minsken,
för de dat Gold bit to den Dag ümmer blots en Teken för dat Gode wä-
sen harr. Denn harrn se't: dat Goldschipp. Man in de sülvige Nacht
krägen se Striet mitnanner. As se sik streden harrn, weer man blots een
Schipp överbläven, een Schipp mit söben Lüü. Wu stolt weern disse
söben Lüü nu up dat Gold un up de Macht, de se harrn. Nu harr hör
Läwen 'n nejen Sinn krägen. Se nömen dat Goldschipp Animus novus
– De neje Sinn. – Animus novus kunn nich swemmen, man dat wussen
se nich, dat harrn se nich sehn. Dat Gold un dat Machtgeföhl harr disse
Bleekgesichten blind maakt. Se steeken hör eenzigst Holtschipp in
Brand. Dat bruken se nich mehr. Na Huus seilen wulln se mit hör
Goldschipp. Golden blänker de See. Golden blänker dat Schipp in
disse swarte Nacht. Nu leten se dat Goldschipp to Water. Dar greep
dat Water na. Dat Water deck allens to. Deep up den Grund van de
See kannst du't nu söken. Nümms weet, wo't liggt. Ov is't man blots
noch en Klumpen van Gold, de dar liggt un luurt? Luurt he up di? –
Luurt he up mi? – He luurt, ov dar en Goldsmitt kummt, de dit Gold
bruken deit, dat't weer en nejen Sinn hett: Animus novus; man en go-
den Sinn, so willt wi hopen. För de Künst un för dat Gode."

180

,,So, Eilert. Dat weer't. Mien Vertellen. Mien Vertellen? Uns Vertellen. Du hest mi dar bi hulpen. Bewahr dat in dien Hart, mien Jung. Beslaap dat goot un denk dar an, wenn du denn mal dat Goldschipp süttst, bi Nacht, deep up den Grund van de See."

Oswald Andrae unter den Teilnehmern einer Veranstaltungsfolge zum Thema „Provinz und Dialekt", Berlin, Akademie der Künste, Juni 1977 (Bild oben); untenstehend: „Bilder und Texte zur Umwelt Niedersachsen" stellte Oswald Andrae 1977 gemeinsam mit Günter Müller und Johann P. Tammen in einer „Kritischen Landschau" während der Ruhrfestspiele Recklinghausen zur Diskussion. Fotos: Renate von Mangoldt/Fern Mehring.

Oswald Andrae während seiner Lesung niederdeutscher Lyrik in der Veranstaltung „Dichter auf dem Markt", Hamburg, Mönckebergbrunnen, am 14. Mai 1971: „Sik tomööt kamen / un mitnanner snacken: / so lehrt de een, / wat de anner weet, / wat he deit, / wat he meent. / Dat is de Wegg, / dat Minsken / sik verstaht, / sik vergaat." (Bild oben); untenstehend: Claus Boysen und Oswald Andrae in einem Probengespräch zur Szenischen Chronik „Laway – Aufstand der Deicher 1765", Oldenburg 1983. Fotos: du Vinage/Wöltje.

*Szenen aus „Laway – Aufstand der Deicher 1765", Staatstheater Ol-
denburg 1983. Fotos: Wöltje.*

*Proben zur Szenischen Chronik „Laway – Aufstand der Deicher 1765"
am Staatstheater Oldenburg (Bild oben); untenstehend, v. l. n. r.: Hel-
mut Debus, Generalintendant Harry Niemann, Oswald Andrae und
Regisseur Wolfgang Nitsch. Fotos: Wöltje.*

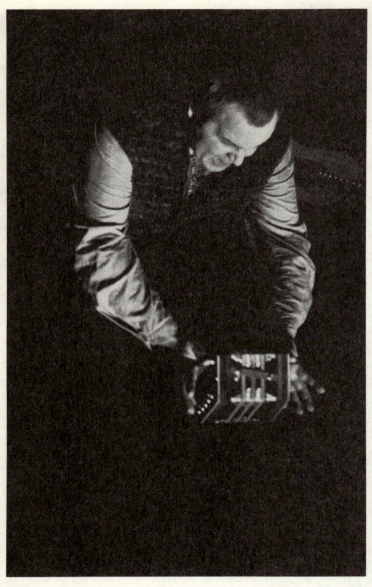

Claus Boysen als Habbo de Fries in ,,Laway – Aufstand der Deicher 1765". Foto: Heinz Nehring.

Iain Mackintosh und Oswald Andrae: Straight to the Point.
Foto: Archiv.

Helmut Debus und Oswald Andrae während der Außenaufnahmen zum Fernsehfilm „Gah mit mi dör't Land", NDR 1980. Foto: Uwe Bernd Holtz.

He hett to bunte Fäärn:
Werk & Wirkung

Heinz Werner Pohl *Laudatio auf Oswald Andrae*

Am 15. Mai dieses Jahres fand unter dem Vorsitz von Herrn Dr. Saß die Sitzung des Kuratoriums für den Klaus-Groth-Preis 1971 statt. Die Zahl der Bewerber um den Preis, den die Stiftung F. V. S. „zur Förderung der lyrischen Dichtung in niederdeutscher Sprache" ausgeschrieben hat, ist erheblich zurückgegangen. 1968 waren es noch 48, in diesem Jahr nur knapp die Hälfte. Mit vier Stimmen bei einer Enthaltung beschloß das Kuratorium, Herrn Oswald Andrae aus Jever den Lyrik-Preis zuzuerkennen. Ich wurde beauftragt, die Wahl des Kuratoriums zu begründen.

Wer ist der neue Preisträger? Oswald Andrae wurde 1926 in der Kreisstadt Jever in der Nähe von Wilhelmshaven geboren, wo er auch heute lebt. Er ist verheiratet und hat drei Kinder. Von Beruf ist er Optikermeister, daneben Schriftsteller, der sich hoch- und plattdeutsch zu Wort meldet.

Aber an dem Empfänger eines Preises für niederdeutsche Lyrik interessiert nicht in erster Linie das Biographische, vielmehr geht es um das Werk. Was ist das Eigentümliche, das Besondere dieser Lyrik?

Was zunächst auffällt, ist der Bezug zur Gegenwart. Hier versetzt sich kein lyrisches Ich in vergangene Zeiten, hier wird nicht die Kindheit in ein goldenes Licht getaucht, hier wird nicht ein empfindsames Gemüt durch die Schönheit der Natur in Schwingungen versetzt, hier werden also nicht zum x-ten Male Motive abgewandelt, die uns schon aus dem 19. Jahrhundert bekannt sind. Andraes Gedichte sind Gegenwartslyrik, sie können nicht vor dreißig und auch nicht vor zwanzig Jahren entstanden sein. Ein Beispiel!

Seetang

Tüsken
blaue
Buhnenstenen
in de See
greut
mank Schill
un Aasgestank
gröön
de Tang.

In de
gröttste
Not
blivt
den Minsk
dat Seetangbrot,
dat he't
överläven deit.

Stolte Möwen
över mi
frää't
är Nabers Kinner.

Seetangbrot! Allein dieses Wort weist eher in die Zukunft voraus als zurück in die Vergangenheit. Die Zukunft, die da anvisiert wird, ist alles andere als strahlend. Es ist von größter Not und vom nackten Überleben die Rede, das vielleicht durch den Seetang ermöglicht wird. Dieser Seetang wächst zwischen blauen Buhnensteinen in einer Atmosphäre der Verwesung. Die Schlußverse des Gedichtes lassen ahnen, wodurch der Mensch in so große Not geraten ist. Der größte Feind des Menschen ist der Mensch. Das sagt Andrae allerdings nur in einer Chiffre: „Stolte Möwen / över mi / fräät't / är Nabers Kinner." Die Tötung der Artgenossen ist im Tierreich eine Ausnahme, der Mensch aber praktiziert sie immer wieder.

An dem Gedicht „Seetang" wird ein weiteres und entscheidendes Charakteristikum der Lyrik Oswald Andraes sichtbar. Neben der Aktualität, so scheint es mir, ist es das Appellative. Andrae will nicht nur konstatieren, beschreiben, er will Anstöße zu Veränderungen geben. „Aut prodesse volunt aut delectare poetae" lautet ein lateinischer Hexameter. „Entweder wollen die Dichter Nutzen stiften, oder sie wollen erfreuen." Andrae will vor allem nützen, und zwar nicht in erster Linie durch Belehrung oder durch Information, sondern durch Appell. Das kann sehr direkt geschehen wie in dem Gedicht „Riet dien Muul up!"

> Schree doch ut,
>> wat du glöövst,
>> wat du meenst,
>> wat du denkst,
>> wat dien Angst is!
> Schree doch ut,
>> wenn du Courage hest!
> Up de
> Gefahr hen,
> dat dar annern sünd,
>> de di seggt: dat stimmt nich;
> dat dar annern sünd,
>> anner Menen;
> dat dar annern sünd,
>> de geern hißt!
> Schree doch ut!
> Naderhand
>> kann well kamen,
>> kann di sehn,
>> man kickt weg
>> un will di nich.
> Riet dien Muul up!

Hier dominieren die Imperative, die Ausrufezeichen. In diesem Gedicht gibt es nichts zwischen den Zeilen zu lesen, es gibt keine Verschlüsselungen. Die Verse leben von der Dynamik, dem Rhythmus. Der Verfasser ermutigt dazu, fordert dazu auf, Passivität und Lethargie aufzugeben und die eigene Stimme zu erheben, auch auf die Gefahr hin, keine Zustimmung zu finden und sogar so anzuecken, daß man von anderen gemieden wird. Hinter diesem Gedicht steht ein Verständnis des Staatsbürgers, das nicht mehr ,,Ruhe" für dessen erste Pflicht hält.

Der direkte Appell ist bei Andrae aber relativ selten. Meistens wählt er einen anderen Weg, seine Zuhörer und Leser zum Nachdenken und zu einem bestimmten Verhalten zu bewegen. So etwa in dem Gedicht von der Schleuse.

De Slüüs

Nich blots, dat se nee is,
nich blots, dat se groot is.
Uns Slüüs is hochmodern,
meen stolt de Ingenieur.
Up Jahren vörut
is allens parat:
    Utstaffeert
    mit Sakramenten
    un mit
    Sprengkamers
    för den
    Dag X.
Wi hebbt an allens dacht.

Ein Rollengedicht. Die Verse werden einem Ingenieur in den Mund gelegt. Sein naiver Stolz wirkt beklemmend. ,,Utstaffeert / mit Sakramenten / un mit / Sprengkamers / för den / Dag X. / Wi hebbt an allens dacht." Warum geht von diesen Versen eine so aufreizende und elektrisierende Wirkung aus? Hier prallen verschiedene Gefühle aufeinander. Stolz und Überheblichkeit sprechen aus den Versen, aber sie wecken im Hörer nicht die erwartete Bewunderung, sondern Nachdenklichkeit und Beklemmung. Man fragt sich betroffen: Ist es schon wieder soweit? Wird der nächste Krieg schon wieder ins Auge gefaßt? Andrae will aber nicht nur diese Betroffenheit provozieren, sondern auch einen Einsatz, daß es zu diesem ,,Tag X" niemals kommt; die Tendenz seiner zeitkritischen Texte zielt auf Aktivierung des Lesers, nicht allein auf Bewegung seiner Gefühle.

Spannungsvolle Gegensätzlichkeit ist auch das Bauprinzip des folgenden Gedichtes. In einen Dialog kleidet Andrae seine Attacke gegen die Lüge.

Lögens

Seggt de een:
Lögens hebbt lüttje Been.
Seggt de anner:
Snack groote Wöör
un draag en Lucht
vör di her!
Wenn dat Lucht
denn so lücht,
denn lüggt
sik dat licht.

Hier sind Spiel und Ernst eine eigenartige Verbindung eingegangen. Gespielt wird mit Gleichklängen, die in der hochdeutschen Übersetzung verlorengehen. ,,Wenn das Licht dann so leuchtet, lügt es sich leicht" ist viel weniger als ,,Wenn dat Lucht / denn so lücht, denn lüggt / sik dat licht." Der Ernst des Gehaltes wird durch die Klangspielerei aber nicht zugedeckt. Wenn Zynismus tändelt und sich spielerisch gibt, wird er nur noch böser. Es bedarf wohl keiner besonderen Explikation, daß hier der Zynismus einfach dadurch, daß er ins Wort gebracht wird, angeprangert wird. Solche Verse können helfen, ein kritisches Bewußtsein zu entwickeln, nicht allem zu trauen, was sich großartig und strahlend gebärdet. Die organisierte, eiskalt einkalkulierte Lüge wird entlarvt.

Daß sich hinter äußerem Glanz sogar der Tod verstecken kann, hat Andrae in ,,Affsaagt" zum Thema eines Gedichtes gemacht.

De Dannenboom
regeert.
Se hebbt hüm
dekoreert
mit Steerns
un mit Lametta.
Dat steiht hüm goot.
Uns Majestät!
(Wat he nich weet:
He is al doot.)

Gleich der Anfang läßt aufhorchen. „De Dannenboom regeert." Gewöhnlich wird vom Weihnachtsbaum gesagt, daß er leuchtet oder strahlt oder erfreut. Hier regiert er. Diese kurze Feststellung besagt, daß wir nicht mehr Herren unseres Tuns sind, sondern äußeren Zwängen gehorchen. Nicht weil der Tannenbaum mit seinen Lichtern uns erfreut oder Ausdruck unseres Glaubens an den Lichtbringer ist, dessen Geburt Weihnachten gefeiert wird, stellen wir ihn auf, sondern weil man das tut, weil es dazugehört. Wir beugen uns einem Brauch. Er hat zwar seinen Sinn verloren, aber die leere Hülse schleppen wir mit.

Die kritische Haltung des Autors gegenüber der Sitte, Weihnachten einen Tannenbaum aufzustellen, wird in den nächsten Versen noch deutlicher. „Se hebbt hüm / dekoreert / Mit Steerns / un mit Lametta." Wer den Weichnachtsbaum bejaht, wird sagen, er schmücke ihn, aber kaum, er dekoriere ihn. Mit „dekorieren" verbinden wir die Vorstellung eines falschen Glanzes, einer Scheinwelt. Schaufenster werden dekoriert, im Theater braucht man Dekorationen.

Andrae bringt den Weihnachtsbaum in Zusammenhang mit dem Talmiglanz der Bühne. Wie ein Operettengeneral wird der Tannenbaum mit „Steerns" und mit „Lametta" herausgeputzt. „Dat steiht hüm goot." Wieder eine verräterische Formulierung! So sprechen wir, wenn von der Auswahl eines Kleides, eines Anzuges, einer Frisur die Rede ist, also von etwas sehr Äußerlichem. Wer diese Redeweise auf den Weihnachtsbaum anwendet, bringt ihn mit Oberflächlichem, Seichtem in Zusammenhang, beraubt ihn all der Gefühle, die sich sonst wohl mit ihm verbinden: Festlichkeit, Innerlichkeit, Frömmigkeit, Kinderglück.

„Uns Majestät!" heißt es in dem Gedicht weiter. Der Autor verneigt sich gleichsam vor dem „Dannenboom", aber er tut es voll Ironie. Dieses aufgeputzte, glitzernde Etwas wird nicht mehr ernst genommen.

Die Schlußverse setzt der Autor in Klammern; er fügt sie gleichsam halblaut hinzu. „(Wat he nich weet: / He is al doot.)" Die Aussage ist zunächst und vordergründig darauf zu beziehen, daß der Weihnachtsbaum abgesägt worden ist, keine Wurzeln mehr hat und darum seine Nadeln bald verlieren wird; „Affsaagt" lautet ja auch die Überschrift des Gedichtes. Aber die Schlußverse sagen noch mehr, sind hintergründig zu verstehen. Sie besagen: Der Brauch, einen Weihnachtsbaum aufzustellen, ist bereits innerlich tot. Weil dieser Brauch aber im allgemeinen noch praktiziert wird, ist nur noch nicht ganz offenbar geworden, daß die Wurzeln schon abgestorben sind. Der Weihnachtsbaum selbst weiß es gleichsam noch nicht.

Die Personifizierung des Christbaumes ist in dem Gedicht immer stärker geworden. Vielleicht ist diese Vermenschlichung ein Hinweis darauf, daß das ganze Gedicht noch auf eine höhere Ebene gehoben werden kann. Spricht man nicht auch von „Lametta" und „Sternen", wenn von Rangabzeichen und Orden beim Militär die Rede ist? Und hat nicht der Tod die so Ausgezeichneten schon fest in den Klauen? Hält man diese Deutung für zulässig, so wäre der „Dannenboom" eine Chiffre, die auf äußerlich glanzvolle, aber innerlich tote menschliche Existenz verweist.

Die ganze Bitterkeit einer enttäuschten Generation lebt in dem Gedicht „De Fahn".

Ik hebb
mal lehrt,
se weer
noch mehr
wert
as de Dood.
Se is
nich mehr
wert
as en
Sluck Genever.

Well
den hett,
de hett se,
un well
dar to veel
van kriggt,
de kummt
dat hoch.

Manchem mag dieses Gedicht zu negativ, ja destruktiv erscheinen. Mancher fragt vielliecht besorgt: Offenbart sich hier nicht ein erschreckender Mangel an Ehrfurcht und Respekt? Sind solche Verse nicht eher empörend als preiswürdig? Der Verfasser liefert selbst den Schlüssel zum Verständnis der Bitterkeit und Respektlosigkeit mit: „ . . . well dar to veel van kriggt . . ." Andraes Generation hatte man singen gelehrt – ich zitiere wörtlich ein Lied aus der NS-Zeit: „Unsre Fahne flattert uns voran, unsre Fahne ist die neue Zeit, unsre Fahne führt uns in die Ewigkeit, Ja, die Fahne ist mehr als der Tod."

Das war zuviel, und nun schlägt das Pendel nach der andern Seite aus: „Se is nich mehr wert as en Sluck Genever." Und in der Bitterkeit werden die Fahne, die dem Mund des Trinkers entströmt, und die Fahne, die das Symbol eines Staates ist, eins. Eine pietätlose Ineinssetzung, gewiß, aber die Pietätlosigkeit ist gleichsam nur die Schale, der Kern des Gedichtes ist die Warnung, sich nicht wieder für große Worte in den Tod schicken zu lassen.

Vom Tod, vom Soldatentod handelt auch das Gedicht „Februarmaand 1968".

Dree Söhns
harr Johann Harms sien Bröer:
de eerste
bleev bi Stalingrad;
de twete
wurr en Legionär
un bleev bi Dien Bien Fu;
de darde
holl nix van'n Kommiß,
na Texas gung he,
na Fort Bliss,
wull Geld verdenen.
Un nu? –
Nu denkt he
an sien dode Bröers,
an Stalingrad,
an Dien Bien Fu,
un allens is to laat.
He is nu ok Suldat
mank
mennich Dusend Kameraden,
kennt Sandsackmüür
un Trummelfüür.
Dar sit he nu
un luurt un luurt
in d'Muusfall
van Khesanh.
O HERR,
watt hett he daan!?

In den beiden Eingangsversen legt der Autor die Distanz zu dem Geschehen fest, von dem er berichten will. „Johann Harms" scheint jemand zu sein, den er gut kennt. Aber nicht von dessen Söhnen erzählt er, sondern von den Söhnen des Bruders dieses Johann Harms. Damit ist nun zweierlei gegeben: Die Schicksale, von denen berichtet wird, berühren den Autor nicht unmittelbar. Andererseits sind sie aber nicht so weit entfernt, daß eine persönliche Anteilnahme ausgeschlossen ist. Auch ist alles so nah, daß man in Johann Harms gleichsam einen Bürgen für die Zuverlässigkeit des Berichteten hat.

Von den beiden ältesten Söhnen sprechen nur wenige Verse. „De eerste / bleev bi Stalingrad . . ." Ein Opfer der Krieges also, einer von den Hunderttausenden, die in Rußland gefallen sind. „De twete / wurr en Legionär / un bleev bi Dien Bien Fu . . ." Gewiß auch ein beklagenswertes Schicksal, aber man kann auch den Gedanken nicht unterdrük-

ken: „Wer zur Fremdenlegion geht, muß damit rechnen, daß er einge-
setzt wird und stirbt."

Nach diesen fünf Versen über die beiden ältesten Söhne wendet sich
Andrae dem letzten, dem jüngsten Sohne zu. Dieser steht im Mittel-
punkt des Gedichtes. Ihm widmet er 22 Verse. Sein Schicksal ist tra-
gisch und erinnert an das des Ödipus, an die Urgestalt der Tragödie.
Diesem war geweissagt worden, er werde seinen Vater erschlagen und
seine Mutter heiraten. Um dem furchtbaren Schicksal zu entgehen,
verläßt er seine vermeintlichen Eltern in Korinth. Auf der Wander-
schaft erschlägt er einen alten Mann, und in Theben heiratet er die
verwitwete Königin Iokaste. Später muß er erkennen, daß der Er-
schlagene sein Vater war und daß er mit seiner eigenen Mutter Kinder
gezeugt hat. Er wollte dem Unheil entgehen, aber das Schicksal war
mächtiger. Ähnlich der dritte Sohn in Andraes Gedicht.

Weil Europa innerhalb von 30 Jahren von zwei großen Kriegen ge-
schüttelt worden ist, geht er nach Amerika, er hat genug vom Militär.
Aber gerade in den Staaten ereilt ihn das Schicksal. Texas wird für ihn
nur eine Zwischenstation auf dem Wege in die Hölle von Khesanh.
Wenn das Schicksal so seine Übermacht offenbart, wenn der Mensch
so vor die Vergeblichkeit seines eigenen Tuns gestellt und in die Enge
getrieben wird, stellt er die Sinnfrage. Sophokles fragt erschüttert:
Was ist der Mensch? In unserem Gedicht heißt es am Schluß: „O
HERR, wat hett he daan!?"

Die zeitkritischen Texte Oswald Andraes gehören zur politischen
Dichtung, und die hat ihre Feinde. Robert Prutz unterscheidet in sei-
ner Schrift „Die politische Dichtung der Deutschen" zwei Gegner des
politischen Gedichtes. Nach der Meinung der einen, so schreibt er, ist
das Volk politisch unmündig, unbeteiligt und unberechtigt, sich zu po-
litischen Fragen zu äußern. Die andern seien aus ästhetischen Grün-
den gegen politische Dichtung. Nach deren Meinung sei das Reich der
Poesie nicht von dieser Welt, sie sähen im politischen Dichter einen
Hochverräter an der reinen und keuschen Sache der Dichtung. Und so
seien sich fast alle einig in der Ablehnung politischer Dichtung, wenn
auch aus verschiedenen Gründen. Den Mächtigen, denen nichts an ei-
ner Änderung der gegenwärtigen Zustände gelegen sei, komme die
Ablehnung der politischen Dichtung durch die Ästheten natürlich sehr
gelegen.

Das genannte Buch von Robert Prutz erschien bereits 1845, aber seine
Diagnose scheint auch heute noch weitgehend zu stimmen. Mit poli-
tisch gefärbter Lyrik singt man sich auch heute nicht gerade in die Her-
zen hinein. Wer zeitkritische Töne anstimmt, gilt als Nörgler und
Schwarzseher, ist meistens unbeliebt. Andrae weiß das und stellt seine
eigene Lage in einem Bilde dar.

Hollt doch de Duums!

Wi harrn mal
en bunten Vagel.
He is wegflagen.
Uns Koopmann meen:
„De Vagel
bringt dat
nich wiet.
Woll
kann he
Spröök
maken
so as
sien Herr,
man Finken verstaht hüm nich.
De fallt över hüm her.
He hett to bunte Fäärn."
Hollt doch de Duums
för den Sittich!

Solange der Sittich in seinem Käfig bleibt, ist er sicher. Sucht er aber die Freiheit, fällt man über ihn her, weil er anders ist als die meisten. Der Sittich steht für alle, die angefeindet werden, weil sie in der Minderheit sind, vor allem aber ist er wohl als Chiffre für den engagierten Autor zu verstehen.

Der Kaufmann in dem Gedicht bringt ihn und seinen Sittich ja auch in Verbindung. „Woll / kann he / Spröök / maken / so as / sien Herr." In dieser Beurteilung der Qualitäten des Sittichs schwingen nicht gerade Verständnis und Wohlwollen mit, viel eher eine leise Verachtung und der Gedanke: „Geschieht ihm ganz recht! Warum will er auch etwas Besonderes sein!"

Der Kaufmann steht auf der Seite der Spatzen. Der Autor aber bittet darum, dem Sittich die Daumen zu halten. Kein Wunder! Teilt er doch mit dem „bunten Vogel" das Schicksal des Außenseiters.

Andrae hat offensichtlich erfahren, was es heißt, als Sprüchemacher abgetan zu werden. Diese Erfahrung muß aber wohl jeder engagierte Autor machen. Wer es unternimmt, die Zeitgenossen aus ihrer Selbstzufriedenheit aufzurütteln. Gefahren aufzuzeigen, in die wir hineinschlittern, Lüge und Heuchelei zu dekuvrieren, der muß damit rechnen, daß man über ihn herfällt. Halten wir dem Sittich Andrae die Daumen!

(1971)

Die Stiftung F·V·S· zu Hamburg verleiht
auf Beschluß des zuständigen Kuratoriums den

KLAUS-GROTH-PREIS 1971

der zur Förderung der lyrischen Dichtung
in niederdeutscher Sprache ausgeschrieben wurde,

OSWALD ANDRAE
aus Jever

Oswald Andrae spricht nicht von einer glücklicheren
Vergangenheit sondern stellt sich den Fragen der Gegenwart.
Die Welt, wie er sie sieht, ist widerspruchsvoll und gefährdet,
der Mensch nur zu oft des Menschen Feind. Das aber ist ihm
nicht Anlaß zu Resignation. Er mahnt zur Wachsamkeit
und zum Engagement. Seine Sprache ist kräftig zupackend,
aber auch hintergründig und verschlüsselt.

Diese Urkunde ist ausgestellt und unterschrieben
am Tage der feierlichen Übergabe des Preises.

MEDINGEN-BEVENSEN, DEN 17. SEPTEMBER 1971

Johannes Saß

VORSITZENDER DES KURATORIUMS

Oswald Andrae „Wat maakt wi?" – Ein Plädoyer für den Umgang mit Sprache

Nach einer Zeit inhaltloser Wortspiele hat man sich wieder auf den Inhalt besonnen. Das Primäre ist die Idee, ist die Kommunikation, ist das Ziel. In Verbindung mit dem Geistigen geschieht das sogenannte „Hereinholen des Sprachmaterials". *Das Sprachmaterial dient also;* denn die Sprache ist nur ein Handwerkszeug, um Inhaltliches zu fixieren, ohne vorerst bloße Mitteilung sein zu wollen. Das Sprachmaterial sucht sich seine Realität und steht im Gegensatz zu jener Richtung, die zuerst Laut und Wort setzen will und das Ableiten der Inhalte einem ratlosen Leser überläßt.

Ich meine: Diese Feststellung gilt auch für die Mundarten und in meinem Falle auch für den Umgang mit dem Niederdeutschen. Denn wer meint, einer Sprache dienen zu müssen, wer sein Hauptanliegen darin sieht, sie pflegen zu müssen, bekennt der nicht damit, daß er sie dem Siechtum verfallen glaubt?

Was ist Sprache? Ein Mittel, sich seinen Mitmenschen verständlich zu machen. Natürlich gibt es da auch andere Mittel innerhalb der Gesellschaft: Man kann seinem Mitmenschen eine Blume schenken oder Brot und Salz, man kann ihn grimmig oder freundlich anschauen, könnte einen Eimer Kot vor seiner Haustür ausschütten, könnte Trommelzeichen, Feuerzeichen, Flaggenzeichen, Funksignale geben. Jedoch das eigentliche Verständigungsmittel unter den Menschen ist die Sprache. Man lernt fremde Sprachen, um sich mit den Völkern der Erde verständigen zu können. Man läßt seinen Mitmenschen Anteil haben an dem, was man denkt und will, man teilt ihm mit, man teilt mit ihm, und schlägt so eine Brücke von Mensch zu Mensch.

Während der letzten Zeit wird des öfteren auch bei Podiumsgesprächen über die niederdeutsche Mundart von seiten der Wissenschaftler der soziologische Begriff „Sprachbarriere" erwähnt. Und das tut man dann, indem man gleichzeitig andeutet, eigentlich müsse die Mundart verschwinden, damit es den Kindern in der Schule leichter gemacht werden kann.

Auch auf die Gefahr hin, daß man spottet, wage ich zu fragen, ob es nicht ratsamer wäre, einen Pädagogen neben den bereits gelernten Sprachen auch das Niederdeutsch oder die Mundart seines Raumes studieren zu lassen. So könnte er dazu beitragen, die Sprachbarriere zu überwinden und so der Gesellschaft zu dienen. Aus Sprachkenntnis erwüchse so die Kenntnis um die Möglichkeiten und Grenzen der Sprache und damit zwangsläufig auch das Wissen um den gesellschaftlichen Konflikt, in dem und mit dem wir alle leben.

So und nicht anders entdeckte auch ich den Konflikt. Auch mir wiesen Sprachbarrieren den Weg: Vater, geboren in der Provinz Posen, war aufgewachsen unter Polenkindern. Der Vater seines polnischen Spielgefährten hatte bei den Preußen gedient und war Schalterbeamter der Eisenbahn. Eine alte Frau wünschte eine Fahrkarte zu kaufen. „Inowroclaw" sagte sie, jedoch der Schalterbeamte sagte auf seine Art „Ich nicht verstäh Inowroclaw", denn er war zwar Pole, aber Deutsch war seine Amtssprache. Und als dann sein Sohn, der Freund meines Vaters, der kaum über den Tisch hinwegschauen konnte, der alten Frau zurief, Inowroclaw heiße Hohensalza, da wurde der Kleine von seinem Vater verprügelt.

Ein Erlebnis, das mein Vater nie vergaß. Er lebte später in der Magdeburger Börde, zeitweilig auch in Berlin, zog dann nach Jever in Oldenburg, wo er auch heiratete. Meine Mutter stammt aus einer jeverländischen Bauernfamilie, in der niederdeutsch gesprochen wurde. Mit dem Fremden jedoch, mit meinem Vater, sprach man hochdeutsch. Ich entsinne mich, daß sich mein Vater seinerzeit bemühte, das Niederdeutsch zu lernen. Er wollte die Barriere überwinden.

Ich wuchs hochdeutsch auf, obgleich meine Mutter manchmal niederdeutsch sprach. Erst als Erwachsener, der in der Gesellschaft seiner Mitmenschen diese Sprachbarriere zum Niederdeutschen hin störend empfand, bemühte ich mich, diese Sprache zu lernen. „Gefährlich" für mich war, daß ich mich dabei in sie verliebte.
Ich arbeite an meinen Sprachen, arbeite auch an meinem Niederdeutsch, dem nachträglich erlernten, während der letzten Jahre nicht zuletzt auch in der Absicht, jenen Menschen, denen das niederdeutsche Wort näher am Herzen liegt, in ihrer Sprache, die auch meine Sprache geworden ist, Aussagen zu machen und Texte zu schreiben, meinen Mitmenschen nach Überwindung dieser so häufig nicht erkannten oder von der falschen Seite betrachteten Sprachbarriere zeitnahe Gedanken vorzutragen, weil ich darin für mich eine Aufgabe sehe, die mir persönlich noch wichtiger ist als die Pflege einer Mundart nur zum Zweck ihrer Erhaltung.
Dieses Niederdeutsch, in dem sich vieles kraftvoller und plastischer ausdrücken läßt als im Hochdeutschen, wurde, so meine ich, im Laufe der Jahrzehnte mehr und mehr die Sprache des einfachen Menschen: die Sprache der kleinen Leute, die Sprache der Handwerker und nicht zuletzt die Sprache der Arbeiter; jedoch vergessen wir nicht den klugen Händler, der die Anwendung des Niederdeutschen zu schätzen wußte als ein Mittel zum Zweck, denn die Mehrheit seiner Kunden waren und sind die einfachen Menschen.

Bertolt Brecht, der im Jahre 1936 über „Die Fragen eines lesenden Arbeiters" schrieb, war der Auffassung, die Fragen des lesenden Arbeiters müßten gleichzeitig auch Fragen denkender Schriftsteller sein. Ich meine, wer als Schriftsteller des niederdeutschen Raumes versucht, Fragen, die den Arbeiter und auch seine Mitmenschen bewegen oder interessieren sollten, in ihrer Mundart gedanklich zu formulieren, um es ihm und den Mitmenschen überhaupt eindringlicher sagen zu können, der wird, wenn er diesen Versuch unternimmt, gewiß eine Chance haben, damit nachhaltig in ihr Bewußtsein einzudringen.

Nach meinen ersten – nachträglich beurteilt – naturgemäß recht dürftigen Veröffentlichungen niederdeutscher Texte fand ich den Weg zum Oldenburgisch-Ostfriesischen Schrieverkring und über den Schrieverkring zu den Tagungen nach Bevensen, wo es mir gestattet wurde, im Rahmen der „Stunde junger Autoren" meine Texte vorzutragen, hörte Worte der Kritik und brauchbare Ratschläge, für die ich noch heute dankbar bin, wie ich mich übrigens auch vielen Kolleginnen und Kollegen des Schutzverbandes niedersächsischer Schriftsteller und späteren Verbandes deutscher Schriftsteller gegenüber zu Dank verpflichtet fühle.

Es sei mir gestattet, daß ich die Namen zweier Männer erwähne: Heinrich Diers, der mir immer wieder Mut machte weiterzuschreiben; Hein Bredendiek, der mein Mentor ist, seit ich meine ersten liedhaften Verse schreibe. In seinen Briefen fand ich die ersten Ratschläge. So schrieb er mir am 27. November 1955: „Ich habe Deine ‚gelbe Mappe' mitgenommen nach Oldenburg, hab die Zeilen oft gelesen und oft der Melodie gelauscht. Lyrisches zu kritisieren ist ein ‚stur Wark', ist gar zu oft subjektiv gefärbt und kann nie den Anspruch auf Gültigkeit erheben." Im Dezember 1957 riet er mir: „Kurz und prägnant, wie das Niederdeutsche nun einmal ist, und immer auf das Wesentliche los!"

Eines Tages bemühte ich mich lange darum, das „Plädoyer für das Positive in der modernen Literatur", eine Rede, die Walter Jens zur Eröffnung der Buchmesse 1961 in Frankfurt am Main gehalten hatte, in das Niederdeutsche zu übertragen als eine Übung an der Sprache und um Hein Bredendiek zu beweisen, daß es möglich ist, eine Brücke vom modernen Kunstschaffen zum Niederdeutschen und umgekehrt zu schlagen. Der Versuch gelang mir nicht so recht; dennoch meine ich auch heute noch, daß man den Mut zum Experiment haben sollte, auch auf die Gefahr hin, daß dann und wann die Verschmelzung sehr heterogener Elemente nicht gelingt, wie das auch Klaus Groth in Wolfgang Stammlers „Geschichte der niederdeutschen Literatur" zum Vorwurf gemacht wurde, wenngleich auch er in Klaus Groth den großen Anreger sah und bekannte, daß dieser mit seinem „Quickborn" die Schranken durchbrochen habe, die bisher das Niederdeutsche einengten.

Ich schreibe also hochdeutsche Texte und auch niederdeutsche Texte. Meine Informationen suche ich bei vielen Gelegenheiten, literarische

Informationen gern in der deutschen Literatur. Es sei mir gestattet, hier heute einige mir wesentliche Gedanken über die Literatur unserer Tage zu zitieren.

Arno Reinfrank sprach bei seiner Erwiderung auf die Laudatio zum Literaturpreis der Pfalz 1968 von einer Poesie der Fakten. Die Poesie sei eine psychologische Reaktion auf die Realität. Der Poet treffe auf die Realität als eine Unsumme von Fakten, vom Mikrokosmos bis ins Universum, vom Anorganischen bis ins Gesellschaftlich-Politische. Da die Sprache nur auf die Menschen bezogen existiere, führe die Poesie der Fakten eine humanistische Aufgabe aus. Dem stimme ich zu. Aber das Gedicht ist zudem nicht erst seit Hans Bender zugleich auch ein „Messer", eine Waffe, ein engagiert kalkulierter Protest.

Gestatten Sie mir in diesem Zusammenhang schnell noch einmal einen Seitenblick auf die Ansichten eines in diesem Sinne schreibenden jüngeren Kollegen: Einen Seitenblick auf Michael Zielonka, der seinen Aufsatz „Zeitgenössische Lyrik in Theorie und Bestand" mit einer Zeile aus einer Lyrik, von der wir mit guter Notwendigkeit abgekommen sind, eröffnet: „Guter Mond, du gehst so stille." Sein Kommentar: „Der gute Mond, der da so stille geht, läßt sich nicht mehr so unbesehen naiv eingemeinden und kaum mehr besingen."

Ich meine: besingen ließe er sich immer noch, jedoch nicht mehr so unbesehen naiv. Somit möchte ich Michael Zielonka antworten mit meinem Text:

> *Guter Mond, du gehst so stille,*
> *denn Geheimdienste beschatten dich,*
> *und Strategen schätzen deine Nützlichkeit.*

Lassen Sie mich meine Ausführungen abschließend in einigen Thesen zusammenfassen:

1. Die niederdeutsche Mundart erfüllt auch heute noch die wichtige Aufgabe, die schaffenden Menschen des niederdeutschen Raumes in ihren menschlichen Bezügen anzusprechen, ihre Gedanken, ihre Gefühle und ihr Wollen besonders klar zu artikulieren.

2. Auch den niederdeutsch schreibenden Autoren fällt die Aufgabe zu, die Gedanken unserer Zeit in der ihnen geläufigen Sprache zum Ausdruck zu bringen.

3. Die schriftstellerischen Arbeiten sollen den Realitäten unseres Alltags gerecht werden, d. h. sie sollen die Nöte unserer Zeit, die Sorgen und Absichten der Menschen in einer Sprache wiedergeben, die ins Bewußtsein eindringt und ihr Denken beeinflußt.

4. Nicht Beschaulichkeit, sondern wachsam kritische Betrachtung aller Lebensvorgänge und – wenn die Situation es fordert – kämpferischer Geist sollten erstes Anliegen des niederdeutsch schreibenden Autors zu Recht auch heute noch sein. Er kann und darf nicht abseits stehen, solange es um ihn, um uns und unsere gemeinsame Verantwortung geht.

5. Wie jede Kunst ein Spiegel ihrer Zeit sein soll, so hat auch die niederdeutsche Dichtung die Aufgabe, den Menschen die Augen zu öffnen, sie aufzurütteln und durch das Mittel der Sprache aktiv teilzuhaben an den Problemen unseres geistigen, kulturellen und im weitesten Sinne politischen Lebens!

> *De Tiet löppt vöran, / un wi, wat maakt wi?*
> *Wi dröömt, wat vergahn is, / hebbt veel Phantasie.*
> *Mit een Been van Ja, / mit anner Been Ne,*
> *so staht wi / as Wiespahls / up de Stää.*
> *Wi wiest woll den Wegg, / man wi röögt uns nich.*

(1971)

Oswald Andrae anläßlich der Verleihung des Klaus-Groth-Preises 1971 in Bad Bevensen: ein Appell „zur Wachsamkeit und zum Engagement".

205

Johann P. Tammen *Jagdszenen aus Friesland*

Von einem, der auszog, das Volksempfinden zu schüren, um dabei das Agitieren zu lernen

I

„Pfui Teufel! Herr Andrae!", so schloß der Vizeadmiral a. D. Karl Topp (77) – einst Kommandant der „Tirpitz" – seinen fünfzeiligen Leserbrief im lokalen „Wochenblatt" der friesischen Kreis- und Marienstadt Jever. „Pfui Teufel!" schimpfte der alte Kamerad und eröffnete damit ein Spektakel, das unter der Überschrift „Jagdszenen aus Friesland" bundesweit Schlagzeilen machte. Dies nicht zuletzt auch deshalb, weil hier ein „unbequemer Mahner" kaltgestellt werden sollte, der sich schon mehrmals „unangenehm hervorgetan" hatte:

Oswald Andrae, der so geschmähte Optiker und Mundartdichter, Träger des hochdotierten Klaus-Groth-Preises für niederdeutsche Dichtung, kam aus dem Staunen nicht mehr heraus. Ein „simpler Text" von ihm, frisch vertont vom Chor des jeverschen Mariengymnasiums anläßlich eines „Abends für junge Hörer" (NDR) dargeboten, hatte die Gemüter der friesischen Provinzmetropole – bekannt für herbes Bier und rauhes Nordseeklima – derartig zu erhitzen vermocht, daß letztlich auch vom damit verwirkten „Recht auf Leben" die Rede war.

Was war passiert? Unter der Überschrift „De Fahn" (Die Fahne) war zu lesen und zu hören, was Andrae in Anlehnung an seine Erfahrungen mit Baldur von Schirachs „Dichtkunst" („... die Fahne ist mehr als der Tod") zu Papier brachte, um damit – eigentlich unfreiwillig – den jeverschen Fahnenkrieg zu entfachen. Resultat: Eine wochenlang andauernde Kampagne mit handfester Rufmord-Qualität.

> „Ik hebb / mal lehrt, / ... ", so beginnt dieser Text, „ ... se weer / noch mehr / wert / as de Dood. / – Se is / nich mehr / wert / as en / Sluck Genever. / – Well / den hett, / de hett se, / un well / dar to veel / van kriggt, / de kummt / dat hoch."

Im Klartext:

> „Ich hab einmal gelernt, sie wär noch mehr wert als der Tod. – Sie ist nicht mehr wert als ein Schluck Genever. – Wer den hat, der hat sie, und wer davon zuviel bekommt, dem kommt es hoch."

Nebenstehend: Günter Maurischat, Notenblatt „De Fahn".

II

Damit war die Bombe gelegt. Andrae, noch 1971 geehrt, er mahne „zur Wachsamkeit und zum Engagement" (Laudatio anläßlich der Verleihung des Klaus-Groth-Preises 1971), verstand die Welt nicht mehr. Die Fahne „als Symbol aller demokratischen Nationen" sei – so erklärten der Herr Vizeadmiral und seine Mannen wie aus einem Munde – verunglimpft worden. Besonders die im Andrae-Text gezogene Parallele zur Alkoholfahne entspreche dieser „Herabwürdigung".

Andrae eilfertig als „Heimatlosen" zu diffamieren, fiel den rufmordlüsternen „Ehrenrettern der Nation" nicht schwer. Angetreten, „ . . . ein Gefühl für Anstand, Tradition und Sitte" zu bewahren, traten sie dem „Miesmacher" Andrae in den Weg und bliesen selbstbewußt ins Horn der Verschwörung.

Schnell war auch ein aufrechter Barde und kraftmeiernder Verlegenheitsreimer zur Stelle, der mahnend in Verse schmiedete, was ohnehin schon die Leserbriefspalten des „Wochenblattes" füllte. Ihr, der „Fahne als Symbol", wollte auch er noch einmal seine Referenz erweisen und wetterte deshalb: „ . . . wer diese in den Schmutz tut treten / verliert das Recht auf freies Leben." oder deutlicher noch: „ . . . und wer es wagt, sie zu entweihen / wird solches sicher noch bereuen."

„Diese Literatur – irrsinnig primitiv –", so ein ostfriesischer Journalist, „ist nicht gefragt." Nachdenklich stimme nur, daß die Linke (Andrae ist Jahrgang 1926 und parteilos) „den sichtbaren Sittenverfall dadurch unterstützt, daß alles Hergebrachte in den Schmutz gezogen wird". Am besten sei: „Meiden wir diese Dichter und schweigen wir sie tot!"

Andrae aber bereut nicht. Er hat nichts zu bereuen. Weder konkret seinen „Fahnensong", noch allgemein sein schriftstellerisches Engagement, das er vornehmlich aus dem Spektrum niederdeutscher Sprachformen schöpft. Die Schärfe und Unredlichkeit der Diffamierungskampagne bewies, wie recht er doch eigentlich hat – offensichtlich auch heute noch.

Da hilft letztlich auch nicht die Solidarität der Studenten der niederdeutschen Abteilung an der Kieler Universität (Joost/Schnell/Schütt), die sich über die „Lebendigkeit und explosive Wirkung niederdeutscher Texte" freuen, oder die Klage einiger Andrae-Sympathisanten, die den „absoluten Tiefpunkt einer Auseinandersetzung" und ein Beispiel „kalter Bosheit" konstatieren und sich im übrigen wundern, wenn heute noch empfohlen wird: „Totschweigen, Fertigmachen . . . Ab in die DDR . . . warum nicht gleich ins KZ?"

III

„Wie jede Kunst ein Spiegel ihrer Zeit sein soll, so hat auch die nieder-
deutsche Dichtung die Aufgabe, den Menschen die Augen zu öffnen,
sie aufzurütteln und durch das Mittel der Sprache aktiv teilzuhaben an
den Problemen unseres geistigen, kulturellen und im weitesten Sinne
politischen Lebens!" – So Oswald Andrae im Herbst 1971 anläßlich
der Überreichung des Klaus-Groth-Preises für niederdeutsche Dich-
tung. Sein „Plädoyer für den Umgang mit Sprache" verdient Beach-
tung auch im Zusammenhang mit den öffentlichen Reaktionen auf
seinen Text „De Fahn".

Einige repräsentative Leserbriefstimmen, die nach einem Abdruck
des Andraeschen Textes („De Fahn") in der Zeit vom 5. März bis zum
7. April in dem lokalen „Jeverschen Wochenblatt" erschienen, mögen
die Wirkungsweise engagierter niederdeutscher Lyrik, wie Oswald
Andrae sie schreibt, zur Genüge dokumentieren:

„Pfui Teufel, Herr Andrae!" – „Auch heute noch ist die Fahne
ein Symbol aller demokratischen Nationen. Selbst die kommu-
nistisch regierten Länder und Staaten haben ihre Fahnen . . . "
– „Oswald Andrae ist der einzige ‚Schriftsteller' Deutschlands,
der es fertigbrachte, auf seine Weise der Fahne gram zu sein.
Trotzig bekennt er sich als ein deutscher Kleinbürger. In Wirk-
lichkeit ist er ein Heimatloser." – „Ich danke diesen vielen Bür-
gern und Bürgerinnen in unserer Stadt und auf dem Lande da-
für, daß sie sich in unserer schmutzigen Welt noch ein Gefühl
für Anstand, Tradition und Sitte bewahrt haben und den Un-
geist sogenannter Kunst ablehnen." – „Ernst sind solche Mies-
macher nicht zu nehmen. Die kümmerliche Auflage ihrer un-
verkäuflichen Bücher beweist das zur Genüge. Diese Litera-
tur . . . ist nicht gefragt." – „So geht auch der klägliche Rest un-
seres Vaterlandes sicher zugrunde. Dabei hätten Leute wie
Andrae bei Honecker und Stoph gewiß nicht soviel Narrenfrei-
heit." – „Meiden wir diese ‚Dichter' und schweigen sie tot."

„Also kann niederdeutsche Literatur doch eine Wirkung auch außer-
halb universitärer Seminarveranstaltungen haben!", schrieben Stu-
denten der niederdeutschen Abteilung der Universität Kiel
(Joost/Schnell/Schütt) in Zusammenhang mit dem jeverschen „Fah-
nenkrieg" („stern") an den Autor Oswald Andrae und betonten: „Es
kommt zudem bei einem solchen Text nicht darauf an, jemand zu
überzeugen, sondern kontroverse Positionen aufzudecken und in die
Diskussion zu bringen. wahrlich ein voller Erfolg!"

„Wenn man sich durchgehend mit Theorie von Literatur beschäftigt,
ist man leicht geneigt, der subtilen Aussage den Vorrang vor der Deut-

lichkeit zu geben. Daß diese Forderung gerade gegenüber engagierten Texten unangemessen sein kann, hat die Auseinandersetzung um ‚De Fahn' bewiesen" (Joost/Schnell/Schütt).

Andrae ist redlich bemüht, ihnen recht zu geben:

> „Schree doch ut, / wat du glöövst, / wat du meenst, / wat du denkst, / wat dien Angst is! / Schree doch ut, / wenn du Courage hest!"

> „Schrei es heraus, / was du glaubst, / was du meinst, / was du denkst, / deine Angst (Sorge)! / Schrei doch, / wenn du Mut hast!"

Vaterlandsloses Geschmiere? Extremistengeschrei? Sprachschluderei? Natürlich: Bei einer derartig imperativen Mahnung dominieren die Ausrufezeichen, bleibt nichts zwischen den Zeilen zu lesen, wird Klartext gesprochen (niederdeutsch!), fasziniert die Dynamik und Aggressivität des „herausgeschleuderten Wortes" und setzt so auch mit ziemlicher Sicherheit Reaktionen frei.

IV

Oswald Andraes „Wendung gegen den traditionellen Gebrauch des Plattdeutschen", sein Verzicht auf eine Sprachform, „die fast ausschließlich ideologischer Verschleierung dient" (Joost/Schnell/Schütt), hat verschiedenen Rezipienten also letztlich mehr als lediglich das Fürchten gelehrt. Der „agitatorische Charakter" seines Textes (also hier nicht unbedingt auch die literarische Qualität im konventionellen Sinn) traf.

Denn: Obwohl man immer nur vorgab, Andrae, den „Dichter", den „unbequemen Mahner", treffen zu wollen, begann man im Grunde an seiner eigentlichen Existenzgrundlage zu rütteln (Andrae ist im Hauptberuf Optiker). Boykottaufrufe in Stammtischrunden „alter Kameraden" ließen nicht lange auf sich warten, zumal diffamierende Vergleiche und Zusammenhänge mit der Baader-Meinhof-Gruppe „und anderen Extremisten" ohnehin schon ihre Wirkung gezeigt hatten.

Aber: Wollte Andrae das? Geschah diese Provokation bewußt? Wurde hier Sprache (Niederdeutsch) als Agitationsmaterial benutzt? „Andrae bezieht sich in seinem Gedicht eindeutig und ausdrücklich auf einen Fahnenkult, wie er im Hitler-Staat grausige Wirklichkeit wurde", erkannte Leser Klaus Wilkens. Fahnen aber, „denen zuliebe Menschenwürde und Menschenrechte geopfert werden, fordern unsern Protest und unsere Verachtung". „Hier zeigt sich", erklärte dann auch ein anderer Sympathisant, „wie dünn das Mäntelchen unserer Demokratie noch ist, wie leichtfertig immer noch Ehre, Leib und Leben eines Menschen anderer Meinung bedroht werden kann."

Keine Frage: Andraes Text traf ins Schwarze, zumal in diesem Fall dankenswerterweise auch jene Medien (Rundfunk, Tageszeitungen, Journale, Magazine) für eine Multiplikation der Ereignisse sorgten, die sich gewöhnlich nicht um die Verbreitung literarischer Texte kümmern. Eine handfeste Rufmord-Kampagne mußte hinzukommen, und der nach wie vor unverbrauchte Mief der Provinz mußte duften („stern": „In einer niedersächsischen Provinzstadt erregen sich die Bürger über ein Spottlied"), um dieses Spektakel „boulevardreif" erscheinen zu lassen.

Agitation im Kapitalismus ist schließlich auch nur Futter im Trog. Die Wirkungsweise von Agitation wird zur „Ware", die – als Sensation vermarktet– ihren eigenen Marktwert hat. Allein der „Verzicht auf ästhetische Komplexität zugunsten unmittelbar politischer Wirkung" (Joost/Schnell/Schütt) rückt einen Text wie Oswald Andraes „De Fahn" noch lange nicht ins Wirkungsfeld politischer Agitation, wie sie im Kapitalismus effektiv wäre.

Darüber, wie einseitig die Wirkung niederdeutscher Texte außerhalb ihres eigenen Sprachraumes zwangsläufig bleibt, ist sich letztlich auch Andrae im klaren. Diskussionen mit ihm enden immer wieder dort, wo die Überwindung der eigenen Klasse beginnen müßte und machen bewußt, wie wenig Literatur und Politik (insbesondere in der niederdeutschen Dichtung) vorerst noch einander bedingen und beeinflussen.

Dennoch bleibt vor allem am „Fall Andrae" zu beweisen, worin die provozierende bzw. agitatorische Wirkung engagierter niederdeutscher Lyrik besteht bzw. bestehen kann. Jagdszenen allein, wie jene, denen Andrae wochenlang ausgesetzt war, dürfen dann aber kaum als angestrebtes Resultat gewürdigt werden. Natürlich: Der Nadelstich saß. Den „Rettern der Nation", der ganzen reaktionären Blase ging der Hut hoch. Die Provinz hatte ihr „Stadtgespräch". Gesprochen aber wurde eigentlich mehr über Andrae, über den „Heimatlosen". Sein Medium hingegen, die niederdeutsche Sprache resp. Literatur, galt den Attackierten als „irrsinnig primitiv". Womit also wieder einmal offen blieb, wer hier wen agitierte.

(1973)

211

Andrae hegt keinerlei nostalgische Illusionen, von denen die gängige Heimatdichtung seit Jahrzehnten mehr schlecht als recht zehrt, er ist sich der Problematik einer nur mundartig geprägten Literatur voll bewußt und hat in einem Aufsatz in der Zeitschrift „Nordfriesland" kürzlich sehr genau die Möglichkeiten und Grenzen umgangssprachlicher Dichtung bezeichnet. Er plädiert nachdrücklich für die Befreiung der Heimatdichtung aus der Umklammerung romantisch-reaktionärer Heimat- und Volkskundler und für ihre Hinwendung zur arbeitenden Bevölkerung, zu den Arbeitern, den Arbeitslosen – ihr Anteil liegt in Andraes Heimat gegenwärtig zwischen elf und achtzehn Prozent – und den Bauern, zu ihrer Umgangssprache und zu den Themen ihres Alltags . . .

Wer Welthaltigkeit in einem mundartigen Text ausschließt, lese Andraes Betrachtungen und Impressionen zu Bildern von Munch, Kandinsky und Nolde, seine Antikriegslieder und seine aggressiven Aphorismen „Frei nach Stanislaw Jerzy Lec".

Aber auch seine eigentlichen Heimatgedichte sind alles andere als heimatlich genügsam. Sie analysieren auf den Dörfern und Höfen die Eigentumsverhältnisse, fragen nach den gesellschaftlichen Hintergründen des Bauernlebens, befassen sich mit den Erfordernissen eines zeitgemäßen Umwelt- und Naturschutzes. Die heile Welt ist verbannt; Idylle wird immer an der Realität gemessen und in Frage gestellt.

Dennoch leidet Andraes Lyrik nicht an der Auszehrung. Der Wohlklang der niederdeutschen Sprache, der unverwechselbare Klaus-Groth-Ton, bleibt trotz vielfältiger Brechungen und Verfremdungen und trotz vorherrschenden Reimverzichts gewahrt. Davon kann sich jeder überzeugen, der sich die kleine Schallplatte zu dem „Hoppenröök"-Band anhört, auf der Andrae einige seiner schönsten Texte selber liest. Von den vielerlei Argumenten, die für die Fortführung der plattdeutschen Literaturtradition sprechen, scheint der Verweis auf die Klangfülle, den Vokalreichtum und die Lautmalerei der Sprache sogar der überzeugendste . . .

Dichter wie Andrae, die mit ihrer Landschaft verbunden sind, deren literarischer und politischer Horizont aber durch keine volks- und heimattümelnde Borniertheit begrenzt ist, waren im deutschen Sprachraum bislang dünn gesät. Um so mehr verdienen sie unsere Aufmerksamkeit. Bleibt die Resonanz, das kritische Echo von außerhalb lange aus, besteht die Gefahr, daß die vielfältigen Ansätze zu neuen Inhalten und Ausdrucksformen in der Mundartliteratur wieder zurückgedrängt werden und daß die Heimatliteratur weiterhin ganz den Provinzstrategen der Reaktion überlassen bleibt.

Peter Schütt

Oswald Andrae *Gedanken över dat Woort "Heimat"*

Ik schall hier 'n Reed hollen ov 'n Vördragg över "Heimat-Literatur".
Wat schall't. Dar is al veel över seggt worden; man ik schall hier nu
seggen, wat *ik* dar to meen: "Heimat", dat is ganz eenfach de Stää, wo
ik her kaam ov wor ik tohuus bün ov wor ik mi so as tohuus föhlen doo.
"Home" seggt de Engländer. Dat is "Heimat". En plattdütsch Woort
is't na mien Menen nich. Un doch bruukt wi dat Woort, bruukt de Lüü
dat Woort. Un wenn se mi seehgt, denn seggt se: "Kiek an, dar is uns
'Heimatdichter'!"

Dat geev en Tiet, dar paß mi dat nich, dar gefull mi dat Woort nich.
Man de Lüü dachen sik dar nix bi. Se menen ganz eenfach: Wenn een
– so as ik – plattdütsch schriewen deit, denn is he ok en "Heimatdich-
ter". Bün ik en Heimatdichter?
Ji weet't dat so as ik, Lüü: Dat geev mal en Tiet, dar hebbt se uns dat
Woort "Heimat" verhunzt, un dat nich blots mit süxe Schnulzen as
"Heimat, deine Sterne", ne, vöörn an stunnen de studeerten Lüü. Ik
meen süxe as dissen Dr. Jakob Graf mit sien Schoolbook "Biologie für
Oberschule und Gymnasium". Dar steiht in Band 3 för de Klass Fief
(1940 is't herutkamen):

> "Das Gefühl für Natur-Verbundenheit sowie der damit ver-
> bundene Heimatglaube sitzt heute noch dem deutschen Men-
> schen als heiliges Erbgut tief im Blute."

"Heiliges Erbgut", leewe Lüü! Un denn tell he all dat up, wat den düt-
schen Minsken verbinnen dee mit sien "Heimatnatur". Un all disse
"Bindungen des Menschen an seine Heimatnatur", so meen Dr. Graf,
weren de Inhalt van en "Lebensgesetz", wat he dat "Gesetz von Blut
und Boden" nömen dee.

1921 weer in Berlin en Book herutkamen van den Autor Wilhelm
Schaer: "Heimat des Herzens". Dar harr Schaer ok'n Upsatz in, de he
in'n Harvst 1920 schräwen harr: "Heimatkunst in niedersächsischer
Dichtung". Schaer meen in dissen Upsatz: "Ein Schriftsteller, der sich
erfolgreich im Dienst der Heimatkunst zu betätigen wünscht, hat nach
sachkundigem Urteil von zwei Bedingungen, die man an ihn stellen
muß, wenigstens eine vollständig zu erfüllen. Gelingt es ihm, bei Wie-
dergabe des geschauten Heimatbildes gleichsam Schollenduft zu er-
zeugen, so wird ihm niemand das Recht absprechen, sich Heimat-
künstler zu nennen." (Zitatende) Un denn schreev he noch: "Wer die
Heimat liebt, liebt auch das große Vaterland." Un van de "Heimat des
Herzens" meen he: "Herzensheimat ist, wo unsere toten Lieben mit
uns heimen und ihre Stimmen aus der Ewigkeit am klarsten – eindring-
lichsten zu uns reden." Dat harr he 1920 schräwen.

Un bi uns in de School hung an de Wand en grooten holten Tafel. Dar weren all de Naams insnittkert van all de Gymnasiasten, de 1914–18 in'n Krieg bläwen sünd, un denn disse Spröök, dat dat nödig deit, dat't notwendig is, dat en starwen deit för't Vaterland.

Bi all dat bruukt'n sik dar nich över to wunnern, dat na 1945, as dat ut weer mit dat „Dusendjahrig Reich", dat dar männich en Minsk kritischer wurr, wenn dar wedder well anfung, dat Woort „Heimat" to gebruken, dit Woort, wat se so mit Geföhl öwerladen harrn, wat se toschannenbruukt harrn för Rassismus un Militarismus.

Wu man dat nu ok anfaten wull, för de junge un kritische Generatschon klääv an dat Woort „Heimat" Bloot van Völkermoord un Verbräken. Un dar harr nümms mehr wat mit in'n Sinn. De Krieg weer vörbi, man de kolle Krieg, de bleev in Gang. En unglückelk Tiet weer dat för ganz veel Minsken, de harrn se ut hör Heimat verdräwen. In de 60er Jahren weer dat Isen „Heimat" noch so heet, dat se Zeitungslüü, Journalisten, so up de Stä verhauen hebbt, wiel dat de sik för de Oder-Neiße-Linie utsproken harrn.

Un wat de Kulturindustrie weer, de hett denn düchtig mithulpen mit hör Massenprodukten för dat Heimatgeföhl. Na mien Dünken tellt to disse Produkten ok dat, wat wi „Nostalgie-Welle" nöömt.

Nolstalgie is an un för sik en Krankheit van Lüü, de nich torecht kaamt mit hör Ümwelt: Fremdarbeiders, Gastarbeiders, Utwannerers, Ümsiedlers, Deportierten, politisch Emigranten, Flüchtlings, utwiest Lüü, verdräwen Lüü un männich anner Minsken. Un bi all disse Lüü wurd faken de Krankheit noch verslimmert dör dat Reden un Doon van Parteien, von Emigranten-Organisatschonen, van Landmannschaften ov Heimatverbände. Viellicht meent de dat goot, man dör dat Plägen van männich een Traditschon wurd ok de Krankheit Nostalgie wedder anreegt. Un ov mit Wäten ov ohn Wäten: Hier fangt dat an, politisch to wern. Hier is ok de Punkt, wor wi, de wi schriewt in uns Moderspraak, wor wi kritisch bliewen schüllt un dar an denken schüllt, dat wi Verantwortung hebbt. „Plattdütsch is in", seggt de Lüü. Männich een seggt ok, dat „Plattdütsch wedder in is", dat kummt ok van de „Nostalgie-Welle". Waak wesen schullen wi, waak wesen un uppassen!

Michael Scharang meent in sienen Upsatz „Landschaft und Literatur", well alltiet de „Heimat" beprahlen deit, bi de kann dat woll angahn, dat he de Lüü blots inreden will, dat uns Gesellskup, so as se nu is, en Stück Natur is, de wi nich verännern köönt. Dör süxe Heimatpropagandisten, meent he, schullen wi uns nich uns Heimat affspenstig maken laten. Sien Heimat geern hebben un to sien Heimat stahn, dat kunn vandaag nix anners bedüden, as dat'n sik dar Gedanken över maken deit, wu'n dar to steiht, un dat'n dar mitnanner över spräken deit. Un he schrivt:

> „Eine Literatur, die das in ihrer Menschendarstellung berücksichtigt, wird die beste Gegenpropaganda sein gegen die mythologisierende Verhunzung von Heimat, Landschaft und Natur."

Wenn dat wurgens üm de Fraag' geiht, wu veel Nutzen en Land woll bringen kunn, denn späält dat tomal ganz kien Rull mehr, ov dar Minsken wahnt in dit Land, de dit Land geern hebbt und dit Land hör Heimat nöömt. Ne, dat is nich mehr so wichtig. Wichtig is, wu veel dit Land nützen deit. De Naam van den Nutzen heet Profit; man de is dar nich alleen, so lehr mi Michael Scharang. Un he schrivt van den „ideologischen Nutzen", de dar noch över blivt: Dat Frömd-Weerden – „Die Entfremdung". „Ein seiner natürlichen Umgebung entfremdeter Mensch läßt sich widerstandsloser unterdrücken", meent Scharang.

Över all dat schullen wi schriewen vandaag. Un wenn wi dar nich van schrivt, denn schullen wi dar tominst an denken, wenn wi schrievt.

Dat Weltkunde anfangen deit bi de Heimatkunde, dat hebbt bi uns in Dütschland ok de grooten Romanschrievers begräpen. Un dat dröge Aktenpapieren ut Staatsarchiven spannender wesen köönt as Kriminalromans, dat hebb ik sülvst al biläävt. Man so'n beten moot ik denn alltied an uns gode Alma Rogge hör Wöer denken:

> „Wi mööt't us darvor wahren, dat wi immer up't mehrste blot achterut kiekt; wo schön dat fröher wäsen is, un dat wi dat all goot upschrievt un in't Museum bringt."

Is doch allerhand los upstünns bi uns up't platte Land, wat nännich Lüü so'n bäten minnachtig de „Provinz" nöömt. In de „Provinzen", dar striedt se nu, un männich Lüü willt dar an leevsten nix van hören: „Ökologie", „Ökonomie", „Schnelle Brüter", „Radioaktivität", „Bundes-Immissionsschutzgesetz", „Vorbescheid", „Teilgenehmigungsverfahren", „Rechtsbehelfsbelehrung", „Auslegungsfrist", „Einlegung des Widerspruchs", „Entsorgung". Dat Woort „Entsorgung" klingt so, as wenn man sien Sörgen los weer.

> *„Grün ist die Heide,*
> *die Heide ist grün.*
> *Dahin kommt der Atommüll,*
> *wenn die Brenner verglühn."*

Lüü, dat is wahrhaftig kien Platt, man dat muß ik hier seggen, jüüst hier in de Heid in Bad Bevensen.

215

Ik hebb uns Plattdütsch de „Spraak ut de Provinz" nöömt, denn mi dücht, up't Land wahnt de mesten Plattsnackers. Ik hebb ok spraken van – un dat moot ik up Hochdütsch seggen: „Sprache der Betroffenen", denn jetzt sind es die Leute bei uns auf dem platten Lande, vielleicht gar eine schweigende Mehrheit, die betroffen sein wird davon, daß man ihren Lebensraum verhunzt, einem zweifelhaften Fortschrittsglauben zuliebe.

Dar mööt't wi över schriewen, Ji Schriewerslüü in Bevensen. Elk een van uns dat, wat he an besten kann: Hörspiele, Bühnenstücke, Geschichten, Protest-Songs, heimatliche Lieder, solidarisierende Lieder, politische und garstige Lieder, Lieder in der Sprache jener Menschen, die in den Städten und auf dem Lande die Betroffenen sein werden, wenn man fortfährt – Schritt für Schritt –, dem Fortschrittsglauben und den Nützlichkeiten zuliebe die Landschaften zu schänden und zu vergiften; Landschaften, die wir unsere Heimat nennen. Dat is't, wat ik meen!

Dat is't, wat ik meen!

Man dat is nich allens. Dar is noch veel, veel mehr. Dat lett sik in tein Minüten nich allens seggen. – Dat weren mien Gedanken över Heimat un Heimat-Literatur. De Schlußsatz, de nu kummt, is dat, wat Ernst Bloch dar to schräwen hett in sien Wark „Das Prinzip Hoffnung": „Die Wurzel der Geschichte aber ist der arbeitende, schaffende, die Gegebenheiten umbildende und überholende Mensch. Hat er sich erfaßt und das Seine ohne Entäußerung und Entfremdung in realer Demokratie begründet, so entsteht in der Welt etwas, das allen in die Kindheit scheint und worin noch niemand war: Heimat."

(1978)

Ralf Schnell „Riet dien Muul up!" – Niederdeutsche Dichtung – heute

Niederdeutsch lebt – mit dieser Feststellung ließe sich eine Entwicklung auf ihren kürzesten Nenner bringen, die in den vergangenen zehn Jahren gleichermaßen Verwunderung und Freude hervorgerufen hat. Verwunderung, weil eine Sprache und eine Dichtung sich neu zu beleben begannen, die vordem nurmehr dem Bereich der Traditionspflege überantwortet schienen. Und Freude, weil sich nach langen Jahren des Stillstandes nunmehr sprachliche und literarische Entwicklungen andeuteten, die auf neue Impulse, auf einen produktiven Umgang mit der niederdeutschen Sprache hoffen ließen.

Eine Wiederbelebung also – doch fragt sich, ob dieses Leben womöglich eines ist, das sich den schnell wechselnden Kursschwankungen dessen verdankt, was jeweils gerade „in" ist. Eine Mode vielleicht? Nur eine Konjunkturbewegung? Oder gar: Nostalgie?

Das Institut für niederdeutsche Sprache in Bremen hat im Jahre 1976 einen Sammelband herausgegeben, der authentisches Dokument eines neu entwickelten regionalen Sprachbewußtseins ist. Ein eigenartiges Dokument, gleichwohl. Es scheint nämlich, als habe das Erwachen, das Wiederaufleben regional begrenzter Sprachformen und ihrer Dichtung zu einer Art großer Koalition der Mundartfreunde geführt: eine Koalition, die über alle Klassen und Gruppen hinweg sich erstreckt, keine Parteigrenzen kennt, die sich einig ist in dem einen Gegenstand ihrer Anerkennung und Bewunderung: der niederdeutschen Sprache und ihrer Dichtung. Der schleswig-holsteinische Landtagspräsident Helmut Lemke etwa erklärt:

> Die plattdeutsche Sprache ist mehr als eine Mundart. Sie ist Ausdruck der Stimmung einer Landschaft. Wer sie spricht und benutzt, vermittelt ein anheimelndes Gefühl, läßt in Gedanken den Blick auf ein strohgedecktes Bauernhaus richten, erinnert an dampfende und duftende Bratäpfel am Kachelofen und vermittelt jene Geborgenheit, die brennende Holzscheite im Zimmer aufkommen lassen, wenn es draußen stürmt und regnet. Die plattdeutsche Sprache vertieft den persönlichen Kontakt. Sie verlangt aber auch Respekt, wenn zum Beispiel Pastoren mit dröhnender Stimme von der Kirchenkanzel aus über die Köpfe und in die Herzen ihrer Gemeindemitglieder hinweg und hinein predigen (1).

Was sich hier in einer besonders bildhaften und drastischen Weise ausgedrückt findet, das zeigt sich als Argumentation auch in anderen Beiträgen dieses Sammelbandes: die plattdeutsche Sprache wird geschätzt als Vermittlerin von Geborgenheit und Versöhnlichkeit, von Unmittelbarkeit und Volksverbundenheit. Sie gilt als Repräsentation von Kulturtradition und Volkstümlichkeit.

So meint Bundespräsident Karl Carstens:

> Ich bin froh darüber, daß die niederdeutsche Sprache sich trotz aller Unkenrufe gehalten hat, ja, daß das Interesse an ihr wieder stärker geworden ist. In der Sprache spiegelt sich auch kulturelle Tradition wider, deren Pflege und Bewahrung nach meiner Überzeugung von großer Wichtigkeit ist. Das Niederdeutsche überwindet darüber hinaus rascher als andere Mundarten soziale Unterschiede, es kann alle Schichten zusammenführen und fördert das menschliche Miteinander (2).

Und Bundeskanzler Helmut Schmidt äußert die Überzeugung:

> Das Niederdeutsche ist ein Teil unserer Kultur mit eigenständiger Prosa und Poesie. Schon aus diesem Grunde sollte es gepflegt werden. Vielleicht sollten wir nicht nur Naturschutz und Denkmalspflege betreiben, sondern auch Sprachschutz (3).

Einschätzungen wie diese stehen freilich in einem deutlichen Gegensatz zu jenem Vorgang, der sie erst hervorgebracht hat. Denn nach der Bedeutung der niederdeutschen Sprache, nach der Substanz und der Funktion von Mundartdichtung überhaupt wird erst wieder gefragt, seitdem das Wiedererwachen, das Aufleben eines regionalen Sprachbewußtseins unüberhörbar geworden ist, das allenthalben einhergeht mit einer Dichtung, die kaum dazu angetan ist, sich zum Objekt einer mundartlichen Denkmalspflege verharmlosen zu lassen. Es ist eine Dichtung, die selbstbewußt sich darstellt, welche die eingreifenden und auch die sich selbst reflektierenden Dimensionen von Literatur selber repräsentiert, die die Erfahrungen ihres Sprachraums nicht zu dessen Verklärung, sondern zu seiner Veränderung zu nutzen versucht und hierzu ermuntert.

Autoren wie H. C. Artmann und Herbert Achternbusch etwa sind für diese Dichtung repräsentativ. Schon sehr früh entlarvte Artmann – *med ana schwoazzn dintn,* wie ein Gedichtband Ende der fünfziger Jahre hieß (4) – verbrauchtes Sprachmaterial durch unverbrauchtes, ein Vorgang, dessen poetische Ziele und Sehnsüchte Herbert Achternbusch in seiner *Alexanderschlacht* mit den Worten kommentierte: „i mecht me amoi richte in da Sprach darenna, daß i iberhaupt nimma zum Tema kimm." (5) Es sind Autoren wie Thaddäus Troll und Fitzgerald Kusz, für die das Spiel mit dem Sprachmaterial immer auch und zugleich Form der Auseinandersetzung mit gesellschaftlicher Konvention, Kritik sozialer Erstarrung darstellt. Autoren der sogenannten Wiener Gruppe, wie Gerhard Rühm und Ernst Jandl, Konrad Bayer und Oswald Wiener, zeigen dies ebenso wie der Schweizer Kurt Marti oder der Elsässer André Weckmann, der den poetischen Widerstand gegen die Übermacht der französischen Sprache als Kampf gegen eine politische Unterdrückung begreift: „Dialekt als Waffe", wie er es formuliert.

Die *Aktualität* aber dieser Entwicklung, die durchaus eine Traditionslinie aufweist, wenn auch eine, die von der Literaturwissenschaft nicht immer wahrgenommen worden ist, diese Aktualität resultiert aus einer Problemstellung, der ich im folgenden nachgehen möchte. In dem Maße nämlich, wie der Herrschaftsanspruch der Metropolen in Widerspruch gerät zu der realen Dezentralisierung dieser Herrschaft in die nur so genannte „Provinz" (6), in eben dem Maße bricht auch der Widerspruch zwischen Mundart als Ausdruck regionaler Identität und Hochdeutsch als Verkehrssprache einer Öffentlichkeit, die sich als Herrschaft repräsentiert, auf neue, abrupte Weise auf.

Ich möchte dieses Problem am Beispiel eines niederdeutschen Autors diskutieren: am Beispiel von Oswald Andrae, der in Jever, im Norden der Bundesrepublik, lebt. Er ist ein Autor, der das Problem von Herrschaft und Unterdrückung auch als sprachliches ständig thematisiert, es in den unterschiedlichsten Formen anspricht und seine Geschichtlichkeit ebenso wie seine aktuellen Dimensionen entwickelt. Daß ich Oswald Andrae als *Beispiel* der neuen Mundartdichtung überhaupt, nicht nur der niederdeutschen, wähle, heißt jedoch nicht, daß ich seine unverwechselbare Individualität und Identität als Autor mit der der anderen von mir genannten Schriftsteller in einer abstrakten Gemeinsamkeit zu einer Nicht-Identität *aller* Mundart-Autoren sich verflüchtigen lassen will. Denn gerade ihre Gemeinsamkeit besteht in ihrer jeweiligen mundartlichen Besonderheit, deren Voraussetzung wiederum sehr unterschiedliche gesellschaftliche Erfahrungszusammenhänge bilden. Gemeinsam aber ist ihnen auch die Entdeckung, Bejahung und Formulierung einer personalen und regionalen Subjektivität, wie sie in Oswald Andraes Werk auf ebenso exemplarische wie unverwechselbare Weise zum Ausdruck kommt:

Riet dien Muul up!

Schree doch ut,
    wat du glöövst,
    wat du meenst,
    wat du denkst,
    wat dien Angst is!
Schree doch ut,
    wenn du Courage hest,

Up de
Gefahr hen,
dat dar annern sünd,
     de di seggt: dat stimmt nich;
dat dar annern sünd,
     anner Menen;
dat dar annern sünd,
     de geern hißt!
Schree doch ut!
Naderhand
     kann well kamen,
     kann di sehn,
     man kickt weg
     un will di nich.
Riet dien Muul up!

Reiß dein Maul auf

Schrei' es heraus,
     was du glaubst,
     was du meinst,
     was du denkst,
     was du fürchtest!
Schrei' es heraus,
     wenn du Mut hast,
auf die Gefahr hin,
daß da andre sind, die
     dir sagen, das ist falsch;
daß da andre sind,
     andre Meinungen;
daß da andre sind,
     die gern spotten,
Schrei' es heraus!
Hinterher
     wird jemand kommen,
     wird dich sehn,
     wird, dich meidend,
     an dir vorübergehen.
Reiß dein Maul auf!

Ein Gedicht, das der Interpretation nicht bedarf; es ist Aufruf und
Aufschrei zugleich, Aufforderung und Ermutigung an eine unter-
drückte und sich unterdrückende Subjektivität, aus Passivität und Le-

thargie heraus zu sich selber zu finden, sich zu äußern ohne Rücksicht auf Mehrheitsmeinung und Spießermentalität. Aufruf also zu einem subjektiven Wagnis; er richtet sich gegen jene Form bornierter Selbstabgeschiedenheit, die Oswald Andrae in einem anderen Gedicht poetisch reproduziert hat:

„Suup di duun	„Besauf dich
un fräät di dick	friß
un holl dien Snuut	und halt deine Schnauze
van Politik"	von Politik"

(Niederdeutsches Sprichwort)

dat is ja man so	das ist ja nur so
ik wull ja nix seggen	ich wollt ja nix sagen
ik dach ja man blots	ich dacht' ja nur so
ik meen ja man blots	ich meint' ja nur so
ik segg ja nix	ich sag' ja nix
ik segg ja	ich sag' ja
ik segg	ich sag'
ik	ich
ik hebb dar nix gegen	ich habe da nix gegen
ik – dar – gegen	ich – da – gegen
hebb – nix	hab – nix
ik	ich
swieg	schweig
still	still

Der Prozeß des Verstummens wird im zweiten Gedicht mit naturalistischen Mitteln nachvollzogen: er wird durchschaut und durchschaubar gemacht als Verbindung von Stammtischräsonnement und jenem Gestus des Sich-Heraushaltens, der seine Voraussetzungen in den Bedingungen einer sozialen Randexistenz besitzt, gegen die er sich gerade nicht zur Wehr setzt. Eben zu solchem Aufbegehren aber ruft das erste Gedicht auf.

Man muß deshalb diese beiden Gedichte aufeinander beziehen, man muß sie im Zusammenhang lesen, wenn man die widerspruchsvolle Einheit der Ggensätze in einer Region begreifen will, die man in den Städten gut zu kennen glaubt: die Provinz. In beiden Gedichten nämlich wird ein Zustand, eine Form des Verhaltens beschrieben, die als Charakteristikum der Provinz gilt, das Schweigen, das Verstummen, und doch gehen beide Gedichte über ein solches Beschreiben hinaus, indem sie ausdrücklich oder im poetischen Prozeß selber die Deformation verdeutlichen, die mit einer solchen Existenzform einhergeht.

„Poesie der Provinz" also? So jedenfalls lauten die gängigen Titel, unter denen literarische Veranstaltungen mit Mundartautoren rubriziert werden. Doch ich denke, wir haben einen Begriff wie den der Provinz genauer zu prüfen: wir haben zu prüfen, in welcher Weise er geschichtlich besetzt ist, wir haben zu prüfen, ob er einer Umwertung, einer Neubestimmung bedarf, nicht zuletzt auch, ob er zur Bewertung von Literatur überhaupt taugt.

Der Begriff der Provinz bezeichnet, dem lateinischen Ursprungswort entsprechend, zunächst und vor allem eine besiegte Region, bedeutet Unterwerfung, Abhängigkeit, politisch-kulturelle Zweitrangigkeit. Solche Unterwerfung ist bekanntlich kein geschichtlich einmaliger Vorgang, und sie vollzieht sich auch keineswegs allein durch militärische Aktionen. Die Provinzialisierung ganzer Landstriche im 19. und 20. Jahrhundert unterliegt vielmehr bis heute den Bedingungen der Kapitalkonzentration in den Metropolen und deren Industrialisierungsprozessen, die zur Ausbeutung und Abhängigkeit derartiger Regionen ebenso wie zur höchst einseitigen Entwicklung ihrer Produktionsweisen geführt haben (9). Die Denkformen, die Ausformungen der Ideologien, welche diesen Prozeß der Provinzialisierung begleiten, hat Ernst Bloch mit dem Begriff der Ungleichzeitigkeit bestimmt. So heißt es in *Erbschaft dieser Zeit:*

> Das *objektiv* Ungleichzeitige ist das zur Gegenwart Ferne und Fremde; es umgreift also *untergehende Reste* wie vor allem *unaufgearbeitete Vergangenheit,* die kapitalistisch noch nicht „aufgehoben" ist. Der subjektiv ungleichzeitige Widerspruch aktiviert diesen objektiv ungleichzeitigen, so daß beide Widersprüche zusammenkommen, der rebellisch schiefe der gestauten Wut und der objektiv fremde des übergebliebenen Seins und Bewußtseins (10).

Ideologien dieser Art und Struktur hat, wie Bloch ebenfalls zeigt, in erster Linie der illegitime Schutzpatron der Provinz: der Faschismus, benutzt und mißbraucht. Die propagandistische Konzentration auf die Schlagworte Blut und Boden, Bauerntum, nordische Rasse, Führertum und Fahnenethos hat gerade auf jene Denkform der Provinz zurückgreifen können, die Oswald Andraes Gedichte benennen: ein vorpolitisches, nur scheinbar unpolitisches Bewußtsein, das aus allem sich heraushalten, das in sich selber sich verkriechen will – und um so anfälliger und gefährdeter ist für eine Propaganda, die ein solches vorpolitisches Bewußtsein auf Emotionen ablenkt und scheinbar bestätigt, indem sie es für sich ausbeutet. Das objektiv Ungleichzeitige und das subjektiv Ungleichzeitige aufeinander abzustimmen und zu aktivieren, wird so lange möglich sein, wie es an der Peripherie der Metropolen eine Unterentwicklung gibt, von der gerade die Metropolen zehren und auf die ihre Bewohner zugleich herabblicken. Wer also den Begriff der Provinz aus der vermeintlichen Überlegenheit des Städters zur Beschreibung einer regionalen und ideologischen Rückständigkeit verwendet, muß wissen, wem er damit das Feld überläßt – noch immer.

Der Autor dieser beiden Gedichte weiß darum: aus eigener Erfahrung während der Zeit des Nationalsozialismus, aber auch aufgrund einer höchst aktuellen Erfahrung, die ich hier deshalb referieren möchte, weil sie das Problem provinzieller Ungleichzeitigkeit und ihrer nationalistischen Ausbeutung in einer für die Rezeptionsweise der sogenannten „Provinzpoesie" bemerkenswerten Form beleuchtet: literarische Wirkungsgeschichte als politische Gegenwartskunde (11).

De Fahn	**Die Fahne**
Ik hebb	Ich hab'
mal lehrt,	einmal gelernt,
se weer	sie wär
noch mehr	noch mehr
wert	wert
as de Dood.	als der Tod.
Se is	Sie ist
nich mehr	nicht mehr
wert	wert
as en	als ein
Sluck Genever.	Schluck Genever.
Well	Wer
den hett,	den hat,
de hett se,	der hat sie,
un well	und wer
dar to veel	davon zu viel
van kriggt,	bekommt,
de kummt	dem kommt
dat hoch.	es hoch.

Dieser Text ist, wie sein Autor sagt, „schon verhältnismäßig alt. Er war gewissermaßen Ausdruck der Vergangenheitsbewältigung nach den Erfahrungen, die ein Mensch sammelte, der von 1933 bis 1945 geschult wurde von Lehrern, Führern, Offizieren" (12). Er wurde, so muß man hinzufügen, mit Texten, Versen und Liedern geschult, die eben jene Opferbereitschaft zum Inhalt und Ziel hatten, gegen die das Gedicht sich wendet. Das Gedicht zitiert nämlich jenes erste Pflichtlied der Hitlerjugend, das der einstige Reichsjugendführer Baldur von Schirach verfaßt hatte und in dem es heißt:

Wir marschieren für Hitler durch Nacht und durch Not
mit der Fahne der Jugend für Freiheit und Brot
in die Ewigkeit!

JA, DIE FAHNE IST MEHR ALS DER TOD! (13).

Das Gedicht wendet sich also nicht schlechthin gegen die Symbolkraft
von Fahnen, sondern es wendet sich gegen deren Mißbrauch in einer
bestimmten historischen Epoche, gegen die Unterwerfung einer gan-
zen Jugend unter eine Fahnensymbolik, die nicht weniger als die phy-
sische Vernichtung derjenigen bedeutete, die sich unterwarfen. ,,Ich
habe nichts gegen Genever", so sagt Oswald Andrae in einer Selbst-
interpretation, ,,jedoch zuviel macht betrunken. Ich habe nichts gegen
Fahnen. Dennoch warne ich vor ihnen" (14).

Dem wäre nichts hinzuzufügen, gäbe es nicht jene Rezeptionsge-
schichte, die ich bereits erwähnt habe. Das Gedicht wurde 1970 wäh-
rend einer Lesung erstmals vorgetragen, 1971 und danach in Zeit-
schriften und Buchpublikationen veröffentlicht, ebenfalls 1971 vom
Westdeutschen Rundfunk und von Radio Bremen über den Rundfunk
verbreitet. Das Gedicht fand also eine Öffentlichkeit, ohne deshalb
problematische Diskussionen auszulösen. Zum Skandalon wurde es
erst durch die Intervention eines Vizeadmirals außer Diensten. Ein
Abend für junge Hörer nämlich des Norddeutschen Rundfunks war
geplant, Ende 1972. Thema: Engstirnigkeit in der Provinz, Sendeort:
Jever, und gesungen werden sollte unter anderem der mittlerweile ver-
tonte Text *De Fahn,* der in diesem Zusammenhang auch von der Lo-
kalzeitung *Jeversches Wochenblatt* veröffentlicht wurde (15). Die Re-
aktion erfolgte umgehend. Als erster meldete sich Vizeadmiral a. D.
Karl Topp, ehemaliger Kommandant des Schlachtschiffes ,,Tirpitz",
das 1939 mit Staatsakt und Führerrede vom Stapel gelaufen war. Er
erklärte in soldatischer Knappheit: ,,Ich kann dazu nur sagen: Pfui
Teufel, Herr Andrae" (16). In ähnlicher Weise, wenngleich ausführli-
cher, schlossen sich dann der ,,Verband deutscher Soldaten" und eine
Reihe aufgebrachter, ,,fahnentreuer" Bürger an (17), denen in einem
weiteren Leserbrief der Vizeadmiral a. D. dafür dankte, ,,daß sie sich
in unserer schmutzigen Welt noch ein Gefühl für Anstand, Tradition
und Sitte bewahrt haben und den Ungeist sogenannter Kunst ableh-
nen" (18).

Nun ließen sich Leserbriefschlachten – es gab auch Gegenstimmen,
die für Oswald Andrae sich einsetzten – wie diejenige, die ich hier nur
in aller Kürze andeuten konnte, leichthin abtun als periphere Erschei-
nungen einer Störung ländlicher Idylle, wäre nicht eine zweite Störung
hinzugekommen: eine Tonstörung nämlich eben in jener Sendung des
Norddeutschen Rundfunks, und zwar just zu dem Zeitpunkt, als das

von einem Chor gesungene – und in dieser Form auch gesendete – Gedicht *De Fahn* zusätzlich in einer gesprochenen Fassung vorgetragen und in einem kurzen Wortbeitrag interpretiert werden sollte. Achtzig Sekunden Tonstörung – der NDR-Hörfunkdirektor hatte am folgenden Tag eine Erklärung parat: ,,menschliches Versagen'' – ein ,,präzises'' menschliches Versagen, wie Oswald Andrae ergänzte (19), ein menschliches Versagen, dem sich weitere anschlossen: Drohungen in Schmähbriefen an den Autor, Boykottandrohungen an den praktizierenden Optiker Andrae, nicht zuletzt eingeworfene Fensterscheiben. Die Medien und die Presse nahmen sich des Falles an – Tenor der Beiträge: in einer niedersächsischen Provinzstadt rege sich wieder einmal das ,,gesunde Volksempfinden'' (20).

Soweit die äußeren Vorgänge. Ich habe sie hier deshalb so ausführlich erwähnt, weil sie die Aktualität und die besondere politische Qualität einer Mundartdichtung deutlich machen, welche in den geschichtlich-gesellschaftlichen Prozessen ihrer Gegenwart nicht nur objektiv steht, sondern die auch subjektiv diese Prozesse als die ihren begreift, die auf sie einwirken will, weil sie von ihnen abhängt. Das geschichtlich-gesellschaftliche Erfahrungspotential wird hier zum Material einer kritischen Auseinandersetzung, die poetisch pointiert, was sie politisch bewegt. Unter diesem Aspekt aber reicht eine Interpretation des Gedichtes und seiner skandalösen Rezeption als ,,Provinzkrach'' keineswegs aus. Es geht eben nicht mehr nur um eine beliebige Meinungsäußerung zu einem beliebigen Problem, sondern es geht um das Mißverstehen eines Gedichts, das als Gedicht ein bestimmtes Erfahrungspotential literarisch formuliert, das mithin als Literatur auch seinen poetischen Wahrheitsgehalt zur Diskussion und zur Disposition gestellt sieht. Nicht der politische Standort des Autors ist hier von Interesse, sondern das poetische Verfahren des Gedichts. Daß mit der *Fahne* ein faschistisches Gedicht zitiert wird, daß dessen Aussage im poetischen Verfahren des Gedichts destruiert wird durch seine Verknüpfung mit einem alkoholischen Rauschmittel und dessen Folgen – dies ist der Kern des Textes von Oswald Andrae.

Ihn in der Weise mißzuverstehen, wie ich sie angedeutet habe, bedeutet deshalb nicht lediglich eine Fehlinterpretation, sondern ist zugleich auch die angemessene Ausdrucksform einer politischen Zielsetzung, die sich gegen kritische Dichtung schlechthin richtet, Ausdrucksform eines politischen Denkens, das eine lange Tradition in unserem Lande hat, und eines politischen Handelns, das auf die ,,Provinz'' zu begrenzen hieße: es zu verharmlosen.

Nun wird man freilich Oswald Andraes Dichtung kaum gerecht – sowenig übrigens wie der gegenwärtigen niederdeutschen Dichtung insgesamt –, wenn man ihn festzulegen und einzugrenzen versucht auf solche Formen einer unmittelbar politisch pointierenden Literatur. „Riet dien Muul up!" – das ist nicht nur Aufforderung, auch Selbstaufforderung, zu unmittelbar politischer Aussprache, sondern meint die Gesamtheit des Lebenszusammenhanges der Menschen, die im niederdeutschen Sprachraum leben. Gemeint sind also auch die Natur dieser Region und das Umgehen der Menschen, die hier leben, mit der Natur und miteinander. Gemeint sind die Bedingungen gesellschaftlicher Existenzformen in ihrer Gesamtheit, gemeint sind das Selbstverständnis und das Selbstbewußtsein der Bewohner, die Besonderheiten und auch die Verkümmerungen ihrer Mitteilungsformen, die mit ihrer Sprachform zusammenfallen. Liebesgedichte, aber auch Naturgedichte sind deshalb ebenso zum Gesamtspektrum der thematischen Aspekte in Oswald Andraes Lyrik zu zählen wie etwa die literarische Aufarbeitung geschichtlich weit zurückliegender Entwicklungen in seiner Heimat (21).

Vor dem Hintergrund dieses breiten thematischen Spektrums erweist sich Oswald Andraes Dichtung in ihrer Gesamtheit als Bestandteil und als Beitrag zu jener Traditionslinie niederdeutscher Mundartdichtung, deren hervorragende Repräsentanten Fritz Reuter und Klaus Groth sind. In Anspielung auf diese Traditionslinie heißt es deshalb auch in der Begründung für die Verleihung des Klaus-Groth-Preises 1971 zur Förderung der lyrischen Dichtung in niederdeutscher Sprache an Oswald Andrae: „Oswald Andrae spricht nicht von einer glücklichen Vergangenheit, sondern stellt sich den Fragen der Gegenwart. Die Welt, wie er sie sieht, ist widerspruchsvoll und gefährdet, der Mensch ist nur zu oft des Menschen Feind. Das aber ist ihm nicht Anlaß zur Resignation. Er mahnt zur Wachsamkeit und zum Engagement. Seine Sprache ist kräftig und zupackend, aber auch hintergründig und verschlüsselt" (22).

Die Vielschichtigkeit der Lyrik Oswald Andraes und ihre Vielfältigkeit lassen sein Werk insgesamt in einer literarischen Kontinuität niederdeutscher Mundartdichtung erscheinen, die – wie die Arbeiten Reuters und Groths zeigen – auch dort, wo sie von Landschaft und Natur, von Tier und Meer sprechen, ihren Bezug zu den Menschen nicht verlieren, von deren Problemen und Freuden sie handeln, deren Lebenszusammenhang sie thematisieren. Man wird es nicht einem Autor wie Oswald Andrae zur Last legen können, wenn durch diese Thematik hindurch, nahezu unvermittelt, wie es bisweilen scheint, immer wieder auch die problematische Realität sich ausspricht, die ihr zugrunde liegt und die sich verändert hat seit Fritz Reuter, seit Klaus Groth. Oswald Andraes Dichtung leistet nicht mehr und nicht weniger, als diese Veränderung wieder und wieder zu thematisieren, zu reflektieren, zu kritisieren. Oswald Andraes Naturgedichte sind in diesem Zusammenhang als Korrektur einer bedrohten Ökologie zu lesen, als poetische Ausformulierungen einer konkreten Utopie, die erlebbar und mitteilbar ist, die es zu bewahren, an die es zu erinnern gilt. Dies ist der Grund dafür, warum Oswald Andrae stets darauf hinweist, daß ein Gedicht wie das folgende, *Wat ik meen,* nur im Zusammenhang mit seinen poetischen Warnungen vor einer ökologischen Katastrophe, vor Atomkraft, Profitmaximierung und Umweltzerstörung zu verstehen ist: es kann nicht um Naturseligkeit gehen, wo es um die Substanz der Natur selber geht:

Wat ik meen	**Was ich meine**
Gah mit mi dör't Land,	Geh mit mir durchs Land,
denn gaht wi alleen	dann gehen wir allein
un köönt uns ganz still	und können uns ganz still
dit Land ansehn:	dieses Land ansehn:
de Warfen,	die Warfen,
de Möhl,	die Mühle,
de Weiden – so gröön;	die Weiden – so grün;
dat is't wat ik meen,	das ist's, was ich meine,
dat is't wat ik meen.	das ist's, was ich meine.
Kummst du van de Stadt,	Kommst du von der Stadt,
gah över de Klamp,	geh über den Steg
un denn up dat Padd,	und dann auf dem Pfad
liekut dör't Land.	geradeaus durchs Land.
De Kiewitt,	Der Kiebitz,
de röppt,	der ruft.
un Keuh kannst du sehn,	Und Kühe kannst du sehn,
dat is't, wat ik meen,	das ist's, was ich meine,
dat is't, wat ik meen.	das ist's, was ich meine.
Denn gah up den Diek	Dann geh auf den Deich
un kiek na de Floot.	und beobachte die Flut.
Mag kamen, well will,	Mag kommen, wer will,
tohoop sünd wi groot.	– zusammen sind wir groß.
Wenn Not is	Wenn Not ist,
faat an!	faß an!
All sünd wi denn een;	Dann sind wir alle eins;
dat is't, wat ik meen,	das ist's, was ich meine,
dat is't, wat ik meen (23).	das ist's, was ich meine.

Ein Gedicht, das seine eigenen landschaftlichen Voraussetzungen zur Sprache bringt, zu Sprache werden läßt – und doch ein Gedicht, für welches das Etikett „Naturlyrik" zu kurz griffe. Denn nicht sich zu versenken in die Erscheinungsformen der Natur ist die Haltung des lyrischen Ich, das sich hier äußert, sondern Aufforderung zu bewußter Wahrnehmung von Landschaft, Tierwelt und Menschen ist seine Absicht. Und alles dieses nicht selbstzweckhaft, nicht um seiner oder der Dinge selbst willen, sondern weil es um jenes prozeßhafte Miteinander geht, welches Geschichte ausmacht, um den Austausch, den „Stoffwechsel des Menschen mit der Natur" (Marx). Kein anbetend-andächtiges Verharren also vor Naturphänomenen, sondern jene kritische und selbstbewußte Einstellung, die gerade Voraussetzung dafür ist, auch kritisch zu bleiben gegenüber Eingriffen, die auf Unterwerfung der Natur sowohl wie der Menschen aus sind. In diesem Sinne ruft dieses Gedicht zur Solidarität auf: „Wenn Noot is, faat an!" – das meint Solidarität gegenüber Naturkatastrophen nicht weniger als gegen Unterwerfungsstrategien aus Profitgier. Daß dennoch aus solchem Aufruf keine platte Agitationslyrik entsteht, findet seine Begründung darin, daß die Erfahrungen, welche die Voraussetzungen dieser Poesie bilden, in ihren ästhetischen Dimensionen bewahrt bleiben. Mit anderen Worten: der gesellschaftliche *und* der poetische Wahrheitsgehalt dieser Dichtung bedingen und ergänzen einander derart, daß auch als literarische Einheit erscheint, was im lebendigen Alltag dieser Region zusammengehört: Mensch und Natur, Denken und Sprechen, Anschauen und Empfinden. Bedroht aber wird diese Region durch Einflüsse, die nicht sie zu verantworten hat:

Ümweltsüük	**Umweltseuche**
Hoppenröök	Hopfengeruch
geiht üm.	geht um.
Profitgedanken	Profitgedanken
bredt sik ut.	breiten sich aus.
De hoge Schösteen	Der hohe Schornstein
blaakt un blaakt.	qualmt und qualmt.
Wannlüstig	Voll böser Lust
wennt wi uns	wenden wir uns
an't wälig Läwen,	dem üppigen Leben zu,
snackt blots noch	reden nur noch
van Geschäften.	von Geschäften,
prahlt	prahlen
mit Produktion.	mit Produktion
Noordwind	Nordwind
draagt	trägt
Gestank	Gestank
un Schuum	und Schaum
van de neje	von der neuen
Kläranlag.	Kläranlage.

Up't Water	Auf dem Wasser
van't Hooks-Deep	des Hooksieler-Tiefs
drivt	treibt
en doden Fisk,	ein toter Fisch,
un dör	und durch
Möhlenflögelribben	Mühlenflügelrippen
weiht vergävs	weht vergebens
de Wind (24).	der Wind.

Wird in dem Gedicht *Umweltsüük* auf anklagende Weise ein Prozeß beschrieben, der zur Zerstörung von Natur, Umwelt, Lebensqualität tendiert, so zeigt sich in einem anderen Gedicht Oswald Andraes ein literarisches Verfahren, das beispielhaft ist für die jüngere niederdeutsche Dichtung: die Kritik an bestimmten gesellschaftlichen Zuständen wird nicht unvermittelt formuliert, sondern sie erscheint in indirekter Form, arbeitet mit den Mitteln der Ironie, der Satire, der Entgegensetzung von Anspruch und Wirklichkeit:

GEVEN IST SELIGER AS NEHMEN,
reep de Schippsboer,
dar weer he
en Arbeitgever wurden.

DE EEN DRAAG DEN ANNERN SIEN LAST,
reep he sien Lüü to,
man van'n hörgern Lohn holl he nix.
Sien Lüü lepen hüm weg na de Konkurrenz.

WOR DU HENGEIHST, DAR WILL IK OK HENGAHN,
meen he. Dar weer he pleite.
He kreeg en moi Baantje – ok bi de Konkurrenz.

IN'N SWEET VAN DIEN ANGESICHT
SCHAST DU DIEN BROT ÄTEN
seggt he nu an sien Lüü.
He is Vöarbeiter (25).

GEBEN IST SELIGER ALS NEHMEN,
rief der Schiffbauer,
da wurde er
ein Arbeitgeber.

DER EINE TRAGE DES ANDEREN LAST,
rief er seinen Leuten zu,
aber von höherem Lohn hielt er nichts.
Seine Leute liefen ihm weg zur Konkurrenz.

WO DU HINGEHST, DA WILL ICH AUCH HINGEHN,
meinte er. Da war er pleite.
Er kriegte einen guten Job – auch bei der Konkurrenz.

IM SCHWEISSE DEINES ANGESICHTS
SOLLST DU DEIN BROT ESSEN,
sagt er nun zu seinen Leuten.
Er ist Vorarbeiter.

Die Bibelzitate, die moralische Forderungen an unsere Lebensfüh-
rung enthalten, werden mit der alltäglichen Wirklichkeit des Wirt-
schafts- und Geschäftslebens, der Berufswelt konstrastiert: Ausbeu-
tung, Lohndrückerei, Konkurs und die Verfügung von Menschen über
Menschen am Arbeitsplatz machen deutlich, daß es mit den schönen
Bibelworten in unserer Arbeitswelt nicht weit her ist. Die Widerle-
gung des moralischen, christlichen Anspruchs an die Lebensführung
jedes einzelnen findet täglich statt. Das Gedicht leistet eine genaue
Beschreibung dieses Vorganges. Doch entscheidend für die Aussage
des Gedichts ist die Art und Weise, *wie* dieser Vorgang beschrieben
wird. Denn das Gedicht klagt nicht an, es stellt nur fest, indem es An-
spruch und Wirklichkeit einander entgegensetzt. Aus diesem Gegen-
satz aber entspringt jene besondere literarische Form, die Ironie näm-
lich, die uns deutlich macht: eben der Unterschied zwischen Anspruch
und Wirklichkeit ist das, was hier kritisiert wird. Das Gedicht bleibt
also nur scheinbar bei einer Feststellung dieses Unterschiedes stehen –
in Wahrheit verdeutlicht es uns mit dem Stilmittel der Ironie gerade
das, was hier zu kritisieren, zu verändern ist.

Zwei Gedichte also, die deutlich machen, daß der Begriff „Poesie der
Provinz" ebenso zutreffend wie unzulänglich ist. Einerseits: ökonomi-
sche und ideologische Prozesse im Weltmaßstab als Spezialfall der
„Provinz". Was sich in den Metropolen ereignet, erweist auch hier
seine Wirkung nachhaltig. Andererseits: „Provinz" als neuer, zuneh-
mend sogar bedeutsamer Austragungsort ökonomischer und ökologi-
scher Interessen, deren Gegenstände in sich häufenden Fällen in die
Provinz ausgelagert werden. Umwertung also des Provinzbegriffs:
diese wird tendenziell zum Zentrum gesellschaftlicher Auseinander-
setzungen, sozialer Kämpfe. Brokdorf, Grohnde und die Garlstedter
Heide sind für die Lyrik Oswald Andraes nur weitere Stichworte, die
diese neue Identität einer „Poesie der Provinz" betonen. Neubestim-
mung mithin auch des Begriffs „Poesie der Provinz": sie artikuliert die
Gefühle und Stimmungen, die Ansprüche, Gedanken und Empfinden
der Betroffenen in ihrer eigenen Sprache, schafft als literarisches Me-
dium eine Möglichkeit des Umgangs, des Sprechens, der Selbstver-
ständigung einer ganzen Region.

Zu fragen bleibt freilich, worin der Unterschied dieser neuen „Provinzpoesie" zu jener Form der Dialektdichtung liegt, die seit langem Eingang in die Literaturgeschichte gefunden hat. Denn schon seit den mundartlichen Hanswurstiaden, die sich durch das barocke Drama ziehen, wird Dialekt als künstlerisches Mittel, als dramaturgisches Instrument genutzt. Es bewirkt hier, wie der Tübinger Volkskundler Hermann Bausinger bemerkt hat (26), zunächst eine Art Verfremdung: es sorgt für Distanz und zugleich für eine genaue Kennzeichnung sozialer Differenz, die mit dem Unterschied zwischen Hochsprache und Mundart einhergeht. Eben diese Funktion des Dialekts hat Gerhart Hauptmann in seinem Drama *Die Weber* und hatte zuvor schon Georg Büchner in seinem *Woyzeck* genutzt: Mundart, Dialekt als Verständigungsform derer, die „unten" sind, sozial abhängig, diskriminiert im gesellschaftlichen wie im sprachlichen Status. Dialekt also als ein Mittel zur Kennzeichnung sozialer Differenz innerhalb eines in sich geschlossenen Werkzusammenhangs – diese Funktion wird vollends sichtbar etwa in Thomas Manns Roman *Buddenbrooks,* wenn der Konsul Buddenbrook den politisch durchaus unbewußten Revolutionsimpuls der Massen gerade dadurch aufhebt und ins Lächerliche verkürzt, daß er die niederdeutsche Sprache, die Verkehrssprache der Unterklassen, nur zu deren Befriedigung benutzt:

„Smolt, wat wull Ji nu eentlich! Nu seggen Sei dat mal!"
„Je, Herr Kunsel, ick seg man bloß: wi wull nu 'ne Republik, seg ick man bloß!"
„Öwer, du Döskopp . . . Ji *heww* ja schon een!"
„Je, Herr Kunsel, denn wull wi noch een." (. . .)
„Na, Lüd", sagte schließlich Konsul Buddenbrook. „Ick glöw, dat is nu dat beste, wenn ihr alle naa Hus gaht!" (27).

Hier wird erkennbar, daß das dramaturgische Mittel Dialekt, sich qualitativ verändert zum Kennzeichen sozialer Herrschaft, die dort in ihr Recht gesetzt scheint, wo sie die gesellschaftlich Abhängigen mit ihren eigenen, in diesem Fall: mit ihren eigenen sprachlichen Waffen zu schlagen versteht. Was als Sprachform den unterprivilegierten Klassen zur Verständigung, zur Bildung von Solidarität dient, verliert diese Funktion dort, wo es den Herrschenden gelingt, eben diese Sprachform als eine klassenunspezifische selber einzusetzen.

Dialekt also als dramaturgisches Mitel zur Kennzeichnung sozialer Differenz – diese Funktion besitzt Mundart auch innerhalb einer zweiten literarischen Traditionslinie, die beispielsweise mit den Namen Rainer Werner Faßbinder und Martin Sperr, Franz Xaver Kroetz und Peter Turrini verbunden ist. Doch während bei unseren erstgenannten literaturgeschichtlichen Beispielen Mundart neben Hochsprache *unterscheidende* Qualität besaß, kommt ihr in Dramen wie Faßbinders

Katzelmacher oder Sperrs *Jagdszenen aus Niederbayern* atmosphärische Bedeutung zu: sie schafft jene Atmosphäre, in welcher die Unterprivilegierten ihre eigene Kommunikationslosigkeit zum Ausdruck bringen. Hier besitzt Dialekt, wie der Mundartschriftsteller Manfred Bosch es formuliert hat, „die Funktion eines sprachlichen Systems, das Niedergehaltenheit und die Enge kommunikativer mitmenschlicher Beziehungen meint" (28). Ein sprachliches System, so möchte ich ergänzen, in dem soziale Unterdrückung zur Unfähigkeit des Sprechens, des Mitteilens, des Verständigens sich verdichtet. Die Atmosphäre der Sprachlosigkeit entsteht in diesen Stücken in eben einem Maße, wie der Dialekt als Kommunikationsform nurmehr Beziehungslosigkeit ausdrückt.

Von diesen beiden literaturgeschichtlich bedeutsamen Formen des *Einsatzes,* der *Funktionalisierung* von Mundart zu dramaturgischen Zwecken möchte ich eine Dichtung wie die plattdeutsche Oswald Andraes nachdrücklich abgrenzen: in ihr ist das mundartliche Idiom, das Theodor W. Adorno als „letztes Band zwischen sedimentierter Erfahrung und Sprache" (29) bezeichnet hat, noch wirksam als identitätsstiftendes Element, das gerade die Weite der kommunikativen zwischenmenschlichen Beziehungen einer ganzen Region schaffen und selber repräsentieren soll. Diese Sprache – das Niederdeutsche – ist Ausdruck einer höchst lebendigen und sehr gegenwärtigen kulturellen Identität – und eben deshalb, und nicht in *erster* Linie wegen ihres Traditionsreichtums, ist sie ernst zu nehmen. Ernst Blochs Begriff der Ungleichzeitigkeit meint keineswegs nur Rückständigkeit, er meint zugleich auch das vorwärtsweisende Moment, das in den Möglichkeiten einer *dialektischen* Bewahrung des „kapitalistisch noch nicht Aufgehobenen" beschlossen liegt, das aber der Entdeckung, des Aufgreifens, des verändernden Aneignens vielfach noch bedarf. Die niederdeutsche Sprache, das läßt sich an Gedichten wie denen Oswald Andraes lernen, könnte hierfür ein Schlüssel sein.

Uwe Johnson, der aus Pommern stammende, in Mecklenburg großgewordene Schriftsteller, hat seiner Kunstfigur Gesine Cresspahl eine Sprachbiographie zugeschrieben, welche möglicherweise die geläufige Einstellung vieler von uns gegenüber Regionalsprachen und Mundarten formuliert:

Gesine Cresspahl, zum Beispiel. Geboren 1933, ist sie mit dem Plattdeutschen aufgewachsen, in einer Kleinstadt, auf dem Lande, mit Großeltern und einem Vater, für die es noch Handlungen und Erlebnisse gab, sie konnten sie allein überlegen und aufbewahren in niederdeutschen Worten. Ihr aber, als sie zurückkam von der Oberschule, fehlten viele mecklenburgische Worte für die Kenntnisse, die sie mitbrachte; die Stadt und die

Universität boten keine gesellschaftliche Praxis im Niederdeutschen. Heute benutzt sie Sprichwörter, Redensarten, Zitate aus der plattdeutschen Literatur (die sie übrigens mühelos liest), aber sie tut das im vertrauten Umgang und oft zu Zwecken des Neckens, des Spaßens; das Niederdeutsche ist eine Privatsache geworden. Selbst wenn sie in Bremen oder Hamburg lebte, Niederdeutsch würde von ihr kaum öffentlich verlangt, ihr selten angeboten. Sie beneidet jeden, der in dieser Sprache lieben, träumen, denken kann; es ist die der verlorenen Heimat.

Und Johnson fügt bedauernd hinzu:

> Was mich angeht, so bin ich vom Insel-Verlag gebeten worden, für eine neue Ausgabe des Märchens „Von dem Fischer und syner Fru" eine hochdeutsche Nacherzählung anzufertigen, bedaure diesen Auftrag ungemein und werde ihn ausführen (30).

Vielleicht ist es möglich, dieses Bedauern umzusetzen in eine Neubesinnung auf die Komplexität und Aussagekraft nicht nur der niederdeutschen Dichtung, eine Neubesinnung, die auch hochschuldidaktische Konsequenzen haben könnte. In diesem Sinne ist Oswald Andraes auffordernde Frage zu verstehen, ob denn jene Studenten, die heute in den Metropolen ihr Hochschulstudium absolvieren, auch sprachlich für eine Tätigkeit gerüstet sind, die sie später einmal in die sogenannte Provinz führen wird. Es ist eine Aufforderung an uns alle, uns die Lebendigkeit der regional begrenzten Sprachen und ihrer Dichtung bewußt zu halten:

VEREHRTE HOCHSCHOOL-DOZENTEN!
LEHRT SE D'MESTERS
  IN D' SEMESTERS
  DAT DE MESTERS
  NA D' SEMESTERS
OK UNS SPRAAK VERSTAHT? (31)

(1980)

Anmerkungen:

Dieser Beitrag ist die überarbeitete Fassung meiner Antrittsvorlesung anläßlich meiner Habilitation für das Fach Neuere deutsche Literaturgeschichte an der Universität Hannover im Juli 1978.

(1) Helmut Lemke in: *Niederdeutsch heute. Kenntnisse – Erfahrungen – Meinungen* (Leer, 1976), S. 160.
(2) Karl Carstens, ebd., S. 51.
(3) Helmut Schmidt, ebd. S. 220.
(4) H. C. Artmann, *med ana schwoazzn dintn, gedichta aus bradnsee* (Salzburg, 1958), 7. Aufl.
(5) Herbert Achternbusch, *Die Alexanderschlacht* (Frankfurt, 1978), 3. Aufl., S. 15.
(6) Vgl. hierzu auch Walter Grasskamp, Zur Dialektik von Metropole und Provinz. In: *L 76*, Nr. 11.
(7) Oswald Andrae, *Wat maakt wi? Niederdeutsche Mundarttexte – hochdeutsche Übersetzung* (Henstedt, 1971).
(8) Oswald Andrae, *Hier un annerswor. Texte im Jeverländer Dialekt der niederdeutschen Mundart* (Berlin, 1976), S. 10.
(9) Am Beispiel der Stadt Konstanz wird die Problematik untersucht in Gert Zang (Hrsg.), *Provinzialisierung einer Region. Regionale Unterentwicklung und liberale Politik in der Stadt und im Kreis Konstanz im 19. Jahrhundert. Untersuchungen zur Entstehung der bürgerlichen Gesellschaft in der Provinz* (Frankfurt, 1978).
(10) Ernst Bloch, *Erbschaft dieser Zeit* (Frankfurt, 1973), S. 117.
(11) Andrae, *Wat maakt wi?*
(12) Oswald Andrae, *Dokumentation „De Fahn"* (unveröffentlicht).
(13) In: *Wir Mädel singen. Liederbuch des Bundes deutscher Mädel.* Hrsg. von der Reichsjugendführung, 461./480 Tausend (Wolfenbüttel und Berlin, 1939).
(14) Andrae, *Dokumentation.*
(15) *Jeversches Wochenblatt* vom 3. 3. 1973.
(16) Ebd. 5. 3. 1973.
(17) Ebd., 6. 3. 1973 und später.
(18) Ebd. 8. 3. 1973.
(19) Andrae, *Dokumentation.*
(20) Deutschlandfunk, 28. 3. 1973; „stern", magazin, Nr. 15, vom 5. 4. 1973. Siehe auch den Beitrag von Johann P. Tammen („Jagdszenen aus Friesland") in „die horen", Band 90/1973, dokumentiert in diesem Bande.
(21) Vgl. Oswald Andrae, Dat Leed van de Diekers – 1765. Es handelt sich hierbei um einen Zyklus von Liedtexten, die Oswald Andrae für eine Rundfunksendung am 12. 12. 1977 für Radio Bremen verfaßt (erschienen im Selbstverlag des Autors, Jever 1977) und die der Liedermacher Helmut Debus gesungen hat. Im Zusammenhang solcher Traditionsbezüge ist hinzuweisen auf die Übertragung von Texten des schottischen Dichters Robert Burns (1759–1796) ins Niederdeutsche, die Andrae besorgt hat, darunter das berühmte „A man's a man for all that", das Ferdinand Freiligrath zur Vorlage seines Gedichtes „Trotz alledem" nahm. Die niederdeutsche Fassung ist, gesungen von Helmut Debus, erschienen auf einer Schallplatte mit dem Titel *För all dat* (Verlag Atelier im Bauernhaus).

(22) Broschüre der Stiftung F. V. S. zu Hamburg anläßlich der Verleihung des Klaus-Groth-Preises 1971 und des Fritz-Stavenhagen-Preises 1971, S. 26. Siehe auch in diesem Band.

(23) In: *Dat dröövt wi nich vergäten. (Manuskript).*

(24) Oswald Andrae, *Hoppenröök geiht üm. Texte in niederdeutscher Mundart* (Rothenburg, 1971), S. 20 f.

(25) Ebd., S. 15.

(26) Hermann Bausinger. Die Internationale der Dialektdichtung. Alt und jung entdecken die Reize der Regionalsprachen. In: *Die Zeit,* Nr. 48, vom 19. 11. 1976.

(27) Thomas Mann, *Buddenbrooks, Verfall einer Familie,* Gesammelte Werke in zwölf Bänden, Bd. 1 (Frankfurt, 1960), S. 193.

(28) Manfred Bosch, Neue Mundartlyrik. In: *Imprint. Literaturjournal,* 2/1976, S. 34.

(29) Horkheimer/Adorno, *Dialektik der Aufklärung* (Amsterdam, 1947), S. 197.

(30) Uwe Johnson in: *Niederdeutsch heute,* S. 123.

(31) Oswald Andrae, ebd., S. 11.

„Wie seit Jahrzehnten keiner mehr . . ."

„Niederdeutsches Triptychon: 1852 – 1912 – 1972. 1852 begründete Klaus Groth mit seinem Werk ‚Quickborn – Volksleben in plattdeutschen Gedichten ditmarscher Mundart' die neuniederdeutsche Literatur. – 1912 weitete Hermann Claudius durch den Gedichtband ‚Mank Muern' für viele Autoren Groths ländliche Umweltthemen auf die Großstadt aus. Von 1972 an wird sich erweisen, ob die Jury für den Klaus-Groth-Preis zu Recht eine über das persönliche Engagement des Autors (Oswald Andrae) hinausreichende Wirkung auf die niederdeutsche Gesamtliteratur erwarten konnte . . . Bei der Wahl zwischen verklärter Vergangenheitsidylle und einer schreckhaft drohenden Utopie bilden die Texte Oswald Andraes in der ebenso sachlich bestimmten wie persönlich bedingten Gegenwart einen Schnittpunkt, von dem aus Entscheidungen provoziert werden . . . Seine Frage: ‚Wat maakt wi?' . . . ist an alle gerichtet . . . Oswald Andrae ist es gelungen, uns . . . unpathetisch und knapp mit Sachverhalten zu konfrontieren, die uns zu persönlichen Entscheidungen herausfordern." – *Hans Henning Holm: Wat maakt wi? Vorwort / NDR II 1971.*

„Als Vizeadmiral a. D. Karl Topp das ‚Jeversche Wochenblatt' aufschlug, schnellte sein Stimmungsbarometer auf Sturm. Unter der Überschrift ‚Die Fahne' stand da: ‚Ich hab' einmal gelernt, sie wär' noch mehr wert als der Tod. Sie ist nicht mehr wert als ein Schluck Genever. Wer den hat, der hat sie, und wer davon zuviel bekommt, dem kommt es hoch.' . . . Der ausgediente Admiral (der einst erster Kommandant von Hitlers Schlachtschiff ‚Tirpitz' war) machte sich klar zum Gefecht und schrieb einen zackigen Leserbrief: ‚Pfui Teufel, Herr Andrae.' Der Bund deutscher Soldaten schloß sich der Breitseite ‚vollinhaltlich' an, und auch alle anderen, die die Fahne noch hochhalten in Jever, schossen sich mit Leserbriefen auf Andrae ein . . . Doch der Fahnenkrieg von Jever spielte sich nicht nur im Wochenblatt ab. In der Stadt wurden Schmähworte über den dichtenden Optiker laut, Andrae bekam einen anonymen Drohbrief, und im ‚Haus der Getreuen' bliesen einige Stammtischbrüder zum Boykott des Brillenmachers . . . (Aber) Oswald Andrae hört nicht nur feindliche Stimmen . . . Ein Mädchen aus dem Chor (des Mariengymnasiums): ‚Für uns ist es selbstverständlich, daß es sich nicht lohnt, für eine Fahne zu sterben.' Und Karl-Dieter Wille, Oberstudienrat am Mariengymnasium, schrieb im Wochenblatt über Baldur von Schirachs Lied mit der Zeile ‚Ja, die Fahne ist mehr wert als der Tod': ‚Dieses Lied war das erste Pflichtlied der Hitlerjugend. Entschuldigung, mir kommt es hoch!" – *Peter Juppenlatz: Der Fahnenkrieg von Jever. „stern" 1973.*

„Ortsnamen enden auf Siel oder Fehn, dort, ‚wor so lut de Nordsee bullert'. Trinkfest sind die Menschen und Teetrinker, eher konservativ und sehr bedächtig. Nur wenn dort mal einer ein Gedicht schreibt und sich über Fahnen mokiert (‚Se is nich mehr wert as en Sluck Genever‘), dann beschweren sich ostfriesische Leser beim Heimatblatt über ‚solche Miesmacher‘, die ‚alles Hergebrachte in den Schmutz‘ ziehen.“ – *o. A.: Wor de Nordsee bullert. „Der Spiegel“ 1973.*

„Was in einer Großstadt kaum noch möglich wäre, in der Provinz passiert's: wenn einer das längst verlassen geglaubte Nazi-Nest ‚beschmutzt‘, reagieren die, die offenbar immer noch drin sitzen, mit wildem Aufschrei. (Tenor): ‚So geht auch der klägliche Rest unseres Vaterlandes zugrunde.‘“ – *o. A.: Nestbeschmutzer. „Vorwärts“ 1973.*

„Oswald Andrae setzt den Dialekt in kritischer und agitatorischer Absicht ein. Er verwendet dazu nicht das Honoratiorenplatt der niederdeutschen Heimatdichtung, sondern hält sich an die Sprache des kleinen Mannes. Seine Gedichte üben Kritik an den Verhältnissen in der Sprache derer, die am meisten unter ihnen leiden.“ – *Mechthild Rausch: Dem Volk aufs Maul geschaut. Neue Dialektdichtung. RIAS Berlin 1975.*

„Oswald Andrae hat zu seinem Sprachinstrument ein unbekümmert optimistisches, geradezu naives Verhältnis. Aber gerade dadurch erleben wir bei ihm, wie das von so manchen toterklärte Niederdeutsch sich plötzlich quicklebendig gebärdet, so vital, daß es moderne, aus dem Schriftdeutschen übernommene Wörter und Begriffe nicht ausstößt, sondern ins eigene System integriert und das so, daß gerade durch den Kontrast unerwartete und wohlgelungene sprachliche Effekte zustande kommen (‚Ümweltsüük‘) . . . Er strebt so wenig die reine Poesie wie die impressionistische Faktizität an. Die nostalgische Evokation des Vorgegangenen ist so wenig seine Sache wie die nackte Beschreibung des Unveränderlich-Faktischen. Seine Gedichte sind vor allem Anstöße zum Denken und zur Veränderung, denn nichts ist ihm mehr zuwider als der ‚Status quo‘. . . In einer Sprache, die in Lautstand, Morphologie, Syntax und Wortgut älter ist als alles, was im mittleren und südlicheren deutschen Sprachraum gesprochen wird, sagt er provozierend moderne Dinge von brennender Aktualität und formuliert sie so, daß sie ihre Gültigkeit über die Ereignisse der Stunde hinaus behalten, weil sie immer in irgendeiner Form unser Menschsein im Kern angehen.“ – *Fernand Hoffmann: Hoppenröök geiht üm. Nachwort 1975.*

„Daß Plattdeutsch etwas anderes sein kann als das heruntergekommene Fernseh-Missingsch in den realitätsfernen Stücken des Ohnsorg-Theaters – und daß es mehr bedeutet als nur museale Heimattümelei und auch mehr kritische Aussagekraft haben kann als manch aufgepfropftes Soziologen-Deutsch, zeigen die Gedichte des Optikermeisters Oswald Andrae aus Jever, Klaus-Groth-Preis-Träger 1971.“ – *Dieter Zilligen: Hoppenröök geiht üm. „bücherjournal“, NDR III / ARD-Fernsehen 1975.*

Oswald Andraes Gedichte in niederdeutscher Mundart haben oft die Qualität eines vertrauten Volksliedes mit überraschend neuem Inhalt. Es tauchen Bibelzitate und Sprichwörter, Abzählreime und liedhafte Refrains auf. In diese bekannten Sprüche und Reime mischen sich Wörter wie ,Bankhüüs', ,Konzern-Palasten', ,Status quo', ,Betlehem 1968'. Die Geschäftswelt ist ins Jeverland eingezogen. Starfighter fliegen in der Luft, über das Grundgesetz und ,Kredit bi Horten' wird gesprochen. Erinnerungen an den Zweiten Weltkrieg tauchen auf, die Kriege im Nahen Osten und in Vietnam finden ihre Aufmerksamkeit in Ostfriesland. Die aufs Regionale beschränkte Mundart erhält kosmopolitische Züge. Andrae fordert den Leser zum Beobachten auf, zur Teilnahme – nicht nur an örtlichen Fragen. In die ostfriesische Alltagswelt mischt sich Weltpolitik . . . Oswald Andraes Gedichte beweisen, daß die niederdeutsche Sprache lebendig ist, eine Sprache, mit der provozierend die Gegenwart beschrieben werden kann." – *Thomas Ayck: Hoppenröök geiht üm. ,,Quickborn" 1/1976.*

,,Das Niederdeutsche (,eine Sprache, die wir bisher irrtümlich in Dorfkaten zu Haus wähnten') ist für Oswald Andrae ein Stück lebendig sich fortentwickelnder Sprachwirklichkeit, die keiner Pflege ,im konservativen, konservatorischen Sinne' bedarf . . . Wer bislang zweifelte, daß ein plattdeutscher Mundartautor zu anderen als herkömmlichen Themen und Darstellungsformen fähig sei, wird durch Oswald Andraes politische Gedichte eines besseren belehrt . . . Oswald Andrae entsagt bewußt einer verklärten Vergangenheitsidylle und provoziert beim Leser Entscheidungen . . . In einer Zeit, wo Begriffe wie ,Heimat' und ,Heimatdichtung' in der BRD von bornierten und revanchistischen Kräften politisch mißbraucht werden, verdienen Dichter wie Oswald Andrae unsere besondere Aufmerksamkeit." – *Hans Joachim Theil. ,,Norddeutsche Zeitung", Rostock 1977.*

,,Die Rotationsmaschinen laufen im Moment heiß, und was sie so ausspucken über das Dritte Reich, das offensichtlich Konjunktur hat, sind oft Rechtfertigungen . . . Schon weil dieses Angebot an Blauäugigem, Gefälschtem und seichtem Geschwätz über unsere jüngste Vergangenheit auch das interessierte Publikum irritiert, möchte ich ihre Aufmerksamkeit auf einen Band lenken, der das gleiche Thema behandelt, freilich aus der Perspektive der Verkauften, Verführten, und deshalb auch zu einem völlig anderen Urteil kommt. Titel: ,Der braune Ranzen' . . . (Der Autor) Oswald Andrae . . . hält sich streng an die Tatsachen , fühlt sich den Opfern verpflichtet und kreist die Frage ein: Wie ist Faschismus möglich? – Dabei wird die eigene Person nicht geschont. Und das ist wohltuend, weil es schon genügend verärgert-verzweifelte Versuche gibt, alle Schuld auf die anderen zu überschreiben . . . Und genau hier können diese Erinnerungen eines Betroffenen nützlich sein, dazu beitragen, daß eine Wiederholung ausgeschlossen wird. Denn bei der Lektüre findet jeder seinen Weg, von der

Scham über die Trauer und von dort zur Einsicht oder gar zum Bekenntnis des ‚Nicht-noch-einmal‘." – *Klaus Antes: De bruun Ranzel – ov: Wat'n mit mi maken kann. NDR / Kulturelles Wort 1978.*

„Es ist unschwer zu erkennen, daß der Autor hiermit ein politisches Gedicht geschrieben hat (‚De Fahn‘), und die Folgen waren entsprechend . . . Eine derart unmittelbare und außerliterarische Wirkung haben Gedichte im allgemeinen nicht, und diese Wirkung sagt auch nichts aus über das, was man so üblicherweise die literarische Qualität eines Textes nennt. Aber sie macht zumindest eines deutlich: dieser Autor wurde mit seinen Gedichten – wie vorher seit Jahrzehnten keiner mehr – auch außerhalb des engen Kreises der großen plattdeutschen Familie zur Kenntnis genommen . . . Oswald Andraes politisch-propagandistische Gedichte sind in der niederdeutschen Literatur ohne Beispiel und bislang auch ohne Nachfolge geblieben . . . Oswald Andrae hat zu seiner Zeit das getan, was Klaus Groth Mitte des vorigen Jahrhunderts seine eigentliche Bedeutung gab: er hat Themen und Formen seiner Zeit aufgenommen und zum erstenmal im Gewand der niederdeutschen Sprache zum Klingen gebracht. Und das hat auch eine wichtige, ganz unliterarische Seite: Andrae hat gezeigt, daß diese Mundart bei richtiger – und das heißt in diesem Falle: bei hinreichend respektloser – Handhabung durchaus geeignet ist, Dinge in Worte zu fassen, die man ihr . . . schon lange nicht mehr zugetraut hatte." – *Jochen Schütt: Niederdeutsche Lyrik der 70er Jahre, „Radio Bremen" 1981.*

„Andrae . . . erscheint seinem Habitus nach als der nette Nachbar um die Ecke, und keineswegs fällt an ihm auf, daß er auch der sanft-hartnäckige engagierte Mensch, Schreiber und Redner ist, der sich für Frieden, für Grundgesetzestreue, für entschiedene Arbeit gegen offenes oder verkapptes Nazitum einsetzt. Er verteufelt niemanden, er gibt jedem seine Chance, er will mit jedem reden, und das alles tut er mit intelligenter, brillenblitzender Verschmitztheit und einer vollkommen unkorrumpierbaren Aufrichtigkeit und nie nachlassendem Mut. So erfreut er, der sich keiner Partei zurechnet als derjenigen der Menschlichkeit, sich der Anerkennung von vielen Seiten, es ist die Anerkennung, die Integrität bewirkt, eine Eigenschaft, die nur selten noch zur Geltung kommen kann, wo Opportunismus und augenzwinkernde Mitmacherei und ‚eine Hand wäscht die andere‘ zu den Erfolgsmitteln gehören." – *Uwe Herms: Oswald Andrae las und sang in Husum. „Nordfriesische Nachrichten" 1982.*

„Wenn dieser Dialektiker in den täglichen Sprachgebrauch hineinhört, was er kann wie kein zweiter, dann entstehen seine besten Sachen, wie sein Gedicht ‚Fallen‘, die äußerlich schlichte Betrachtung der Begriffe ‚Moorden‘, ‚Slachten‘ und ‚Fallen‘. Es ist nicht seine Schuld, wenn Pointe und Erschrecken dann zusammenkommen: er hat die Bezüge nur kenntlich gemacht. – Schöne Naturgedichte hat er geschrieben, könnte er schreiben, aber die Natur ist kaputtgemacht, darum tauchen jetzt auch in seinen Versen immer mehr ‚hoge Schösteens' auf oder ‚dode Fisks'. Da muß er doch ‚dat Muul uprieten' – an Courage dazu fehlt es ihm nicht, diesem gestandenen Christenmenschen, da macht Oswald Andrae Laway, wenn's sein muß." – *Heiko Postma: Der Mundartist, in: Zur Literatur des Landes. Kleine niedersächsische Typensammlung. „niedersachsen literarisch", Band 3/1983.*

Oswald Andrae

geboren am 25. Juni 1926 in Jever, dort aufgewachsen; Grundschule und Mariengymnasium in Jever (Abitur), Berufsfortbildungsschulen in Wilhelmshaven, Jena und Jever; staatl. gepr. Augenoptiker und Kaufmann der Juwelierbranche; Schriftsteller (Lyrik, Prosa, Lieder, Hörspiel, Feature, Bericht, Sachliteratur, Fernsehdokumentation, Theater); 1976 – 78 Lehrauftrag für „Niederdeutsch als Sprache der Betroffenen" an der Fachhochschule Emden/Ostfriesland, Fachbereich Sozialwesen; Gastvorlesungen an den Universtitäten Hamburg, Oldenburg, Hannover, an der Akademie der Künste in Berlin, im Rahmen des Volkskunde-Kongresses 1979 als Gast der „Kieler Woche", an der Université Picarde Populaire d'Ete in Maroeuil/Arras und vor der Scotish Language Association in Glasgow; Mitglied des Verbands deutscher Schriftsteller (VS) in der IG Druck und Papier; Auszeichnungen: Klaus-Groth-Preis für Niederdeutsche Dichtung 1971, Künstlerstipendium für Literatur des Landes Niedersachsen 1983.

Buchveröffentlichungen: De Sünn schient jeden Dag, Niederdeutsche Geschichten und Gedichte, Selbstverlag Wangerooge 1957; Heiseres Rufen, Lyrik, Verlag Mettcker & Söhne, Jever 1965; Begegnungen und Gespräche – Israel 1968, Bericht, Henstedter Handdruck Verlag, Henstedt-Ulzburg 1971; Werkstattgerüchte, Optiker-Texte, Lyrik und Epigramme, Henstedter Handdruck Verlag, Henstedt-Ulzburg 1971; Wat maakt wi? Niederdeutsche Mundarttexte mit hochdeutscher Übersetzung, Lyrik, Henstedter Handdruck Verlag, Henstedt-Ulzburg 1971; Hoppenröök geiht üm, Niederdeutsche Mundarttexte (mit Schallplatte), Lyrik, Verlag J. P. Peter, Gebr. Holstein, Rothenburg o. d. T. 1975; Hier un annerswor, Niederdeutsche Mundarttexte (Neue Mundarttexte aus Niedersachsen und Tirol: Andrae – Haid), Pegasus-Reihe, Verlag Harald Schmid, Berlin 1976; Raubkatzen schnurren Friedenslieder, Lyrik zu Holzschnitten von Hans Sünderhauf, Verlag Hugo Hoffmann, Atelier-Handpresse, Berlin 1977; De bruun Ranzel – ov: Wat'n mit mi maken kann, Niederdeutsche Prosa mit hochdeutscher Übersetzung und Dokumenten aus dem braunen Schulranzen der NS-Zeit, Verlag Atelier im Bauernhaus, Fischerhude 1977 (2. Auflage 1979); Dat Leed van de Diekers – 1765, Erzählung und Lieder-Zyklus über einen Deicharbeiter-Aufstand, Typoskript, Selbstverlag, Jever 1977; Über das braune Kraut, Notizen aus der Lüneburger Heide, Typoskript, Selbstverlag, Jever 1978; Come to meet us – Kumm uns tomööt, Low German/English – Poetry, Gedichte und Lieder, Übersetzungen und Nachdichtungen, Typoskript, Selbstverlag, Jever 1978; Über Ernst Jandl, H. C. Artmann, Jochen Steffen u. a. – Wilhelmsbader Notizen, Typoskript, Selbstverlag, Jever 1978; Hollt doch de Duums för den Sittich, Niederdeutsche Texte, Lyrik, Prosa, Lieder, Werk & Wirkung (hrsg. von Johann P. Tammen), „edition ‚die horen‘" im Wirtschaftsverlag NW Verlag für neue Wissenschaft GmbH, Bremerhaven 1983.

Funkarbeiten: Inselbesöök, Hörspiel, NDR und RB 1965; Februarmaand, Lyrik, RB 1971; Hollt doch de Duums, Lyrik, RB 1971; De Fahn, Lyrik, RB 1971; Lögens, Lyrik, RB 1971; De Slüüs, Lyrik, RB 1971; Riet dien Muul up, Lyrik, RB 1971; Seetang, Lyrik, RB 1971; Laway – oder: Das Recht, für die Herren zu schuften, zu hungern, aufzumucken und erschossen zu werden – Eine Betrachtung der Ereignisse im 18. Jh. unter besonderer Berücksichtigung der Arbeiteraufstände beim Deichbau an der Nordsee, Feature, RB 1973; De bruun Ranzel, Funkerzählung, RB 1973; Jeverland, Lyrik, NDR 1974; Ich schreib die verrücktesten Themen, Lyrik, hochdt.-niederdt., mit Interpretationen, RB 1974; Low German/English – Poetry, Deutschlandfunk 1975; De Ölsong, Lyrik, RB 1976; Wo ik herkam, Oswald Andrae / Helmut Debus, Niederdeutsche Texte und Lieder, Radio DDR 1977; Dat Leed van de Diekers – 1765, Lieder-Zyklus über einen Deicharbeiteraufstand, mit einem Kommentar des Autors, RB 1977; Lieder und Gedichte von Helmut Debus und Oswald Andrae, Österreichischer Rundfunk ORF 1978; Över Reuter sien Wark, NDR 1979; Heimat – Gedanken über ein schwieriges Thema, Feature, RB 1980; Come to meet us – Kumm uns tomööt, Leeder un Gedichten up Engelsk un Platt, RB 1981; Dar weer mal een Schipper up Wangeroogh, Impressionen und Balladen von einer Nordseeinsel, RB 1981; De rieke Mann kann blieven, de arme moot in't Feld – över de Suldaten ut de Herrschaft Jever, Feature, RB 1981; Ostern? En paar Gedanken, NDR 1983.

Fernseharbeiten: Riet dien Muul up, Lyrik, in: Querschnitt '73, NDR III 1974; Stadtparksong, Lyrik, in: ARD-Kulturspiegel 1978; De bruun Ranzel – ov: Wat'n mit mi maken kann, in: Wi snackt un singt platt, Film von Hans-Peter Herbst, NDR III 1980; Gah mit mi dör't Land, Fernsehfilm (Exposé und Mitwirkung), NDR 1980 (Wiederholung 1983).

Schallplatten: Oswald Andrae liest Gedichte in niederdeutscher Mundart, Sprechplatte zum Band „Hoppenröök geiht üm", Verlag J. P. Peter, Gebr. Holstein, Rothenburg o. d. T. 1975; *Vertonungen/Lieder* von Oswald Andrae auf folgenden LP: Helmut Debus – Wo ik herkam, Verlag Atelier im Bauernhaus, Fischerhude 1976; Helmut Debus – Wat ik meen, Fischerhude 1977; Helmut Debus – För all dat, Fischerhude 1978; Helmut Debus – Kaamt tohoop, Fischerhude 1979; Iain Mackintosh – Straight to the Point, Fischerhude 1979; Jan & Jürn – To Huus, Verlag Stockfisch, Braunschweig 1979; Helmut Debus – In dit platte Land, Fischerhude 1980; Jan & Jürn u. a. m. – All tosamen in Strackholt, Fischerhude 1980; Helmut Debus – As een Strom, Fischerhude 1981; Lilienthal – Jetzt ist Zeit und Stunde da, Folk Freak / Deutsche Austrophon, Göttingen 1981; Helmut Debus u. a. m. – Frisch auf ins weite Feld – Junge Leute machen Volksmusik, Amiga, Berlin/DDR 1981; Helmut Debus – Waterland, Fischerhude 1982; Helmut Debus – Wohen, Fischerhude 1983; Gerd Brandt / Laway – Laat Jo nich ünnerkriegen, Rillenschlange, Bockenem 1983; Oswald Andrae: Dat Leed van de Diekers, Verlag Atelier im Bauernhaus, Fischerhude 1983.

Theater: Laway – Aufstand der Deicher 1765 – Szenische Chronik. Auftragswerk des Oldenburgischen Staatstheaters, Uraufführung: 28. Januar 1983, Oldenburgisches Staatstheater, Großes Haus (in Zusammenarbeit mit der August-Hinrichs-Bühne, Oldenburg), Generalintendant: Harry Niemann, Inszenierung: Wolfgang Nitsch, Bearbeitung der Lieder: Michael Pickerott.

Essay: Umgangssprache Niederdeutsch – Zur Zweisprachigkeit der Norddeutschen, in: „Nordfriesland", Band 8/3, Bredstedt 1974; Niederdeutsch für Sozialarbeiter, Erfahrungsbericht eines Mundartautors, in: Dialect, 2. Heft, Wien 1977; Dialekt als Waffe? oder: Hebbt Se'n Jagdschien, Herr Poet? in: Dialect, 1. Heft, Wien 1978; Niederdeutsch – Sprache der Provinz, Sprache der Betroffenen, in: Jahrbuch des Internationalen Dialekt Instituts, Wien 1979; Gedanken över dat Woort „Heimat", in: Bericht zur 31. Bevensen-Tagung 1978, Syke 1979; Betrachtung: Warum ich nicht über Goethe schrieb (1974), in: Programm zur Jubiläums-Spielzeit 1982/83 des Oldenburgischen Staatstheaters, Oldenburg 1983.

Beiträge in Anthologien (Auswahl): Gedichte/Prosagedicht, in: Junge Dichtung in Niedersachsen, hrsg. v. Hannoverschen Künstlerverein, Verlag August Lax, Hildesheim 1973; Gedicht, in: Friesische Gedichte aus vier Jahrhunderten, mit Übertragungen ins Hochdeutsche von James Krüss (Redaktion: Tams Jörgensen / Johann P. Tammen), Verlag Hug & Co., Wilhelmshaven 1973; Lovers, Streetmusic: Poems – trilingual (English, Low German, German), in: Ostrich 11, Editor: Keith Armstrong, Newcastle upon Tyne 1974; Gedichte, in: Berufsverbot – Ein bundesdeutsches Lesebuch, hrsg. v. W. Beutin, Th. Metscher, B. Meyer, Verlag Altelier im Bauernhaus, Fischerhude 1976; Gedichte, in: Niederdeutsch heute, Bearbeiter: Claus Schuppenhauer, Verlag Schuster, Leer 1976; Gedichte, in: Federkrieg, hrsg. v. Ulrich Jean Marré, Direkt Verlag, Frankfurt/Main 1976; Texte, in: Platt mit spitzer Feder, 25 niederdeutsche Autoren unserer Zeit, vorgestellt von Günter Harte, Glogau Verlag, Hamburg 1978; Gedichte, in: Mundartliteratur – Texte und Materialien zum Literaturunterricht, hrsg. v. Manfred Bosch, Verlag Diesterweg, Frankfurt/Main 1979; Gedichte/Lieder, in: Volksliederbuch, hrsg. v. Andreas Kettel, Rowohlt Taschenbuch Verlag, Reinbek 1979; Gedichte/Lieder, in: Bremer Liederbuch für AKW-Gegner, hrsg. v. d. Bürgerinitiative gegen Atomenergieanlagen (BBA), Bremen 1979 (5. Auflage); Gedicht, in: Deutsche Literaturgeschichte von den Anfängen bis zur Gegenwart, Verlag J. B. Metzler, Stuttgart 1979; Prosa, in: Kleine Bettlektüre för Lüd, de geern'n beten Plattdüütsch snacken, hrsg. v. Herbert G. Hegedo, Scherz Verlag, Bern 1979; Gedichte, in: Basis – Jahrbuch für deutsche Gegenwartsliteratur, Band 10, hrsg. v. Reinhold Grimm und Jost Herrmand, suhrkamp taschenbuch 589, Suhrkamp Verlag, Frankfurt/Main 1980; Bio-Bibliographie und Gedichte, in: niedersachsen literarisch. 100 Autorenporträts, hrsg. v. D. P. Meier-Lenz und Kurt Morawietz, Wirtschaftsverlag NW Verlag für neue Wissenschaft GmbH, Bremerhaven 1981; Gedicht, in: Werkstatt Sprache – Ein Sprachbuch für Realschulen, hrsg. v. Carl O. Frank, Oldenbourg Verlag, München 1982; Gedicht, in: Friedenszeichen Lebenszeichen. Pazifismus zwischen Verächtlichmachung und Rehabilitierung. Ein Lesebuch zur Friedenserziehung, hrsg. von Helmut Donat und Johann P. Tammen, „edition ,die horen' " im Wirtschaftsverlag NW Verlag für neue Wissenschaft GmbH, Bremerhaven 1982.

Literatur über den Autor (Auswahl): Heinz Werner Pohl: Laudatio anläßlich der Verleihung des Klaus-Groth-Preises 1971, in: Festschrift, hrsg. v. d. Stiftung FVS, Hamburg 1971; Remy Petri: Engagierte niederdeutsche Lyrik Oswald Andraes, in: Quickborn 1/2, 62. Jg.; ders.: Oswald Andrae – Träger des Klaus-Groth-Preises 1971, in: Historienkalender auf das Jahr 1972, Verlag Mettcker & Söhne, Jever 1972; Johann P. Tammen: Jagdszenen aus Friesland – Von einem, der auszog, das Volksempfinden zu schüren, um dabei das Agitieren zu lernen, in: „die horen", Band 90/1973; Thomas Ayck: Porträt Oswald Andrae, in: „bücherjournal", NDR III (ARD-Fernsehen) 1975; Peter Schütt: Nachdrücklicher Hinweis auf Oswald Andrae, in: „die horen", band 99/1975; Thomas Ayck / Jochen Schütt: Bücher in der Diskussion – Hoppenröök geiht üm, in: Quickborn 1, 66. Jg., Hamburg 1976; Johann P. Tammen: Auskunft über einen umstrittenen Autor, RB 1976; Hans Joachim Theil: Lebendige Sprachwirklichkeit. Oswald Andrae – ein progressiver niederdeutscher Mundartautor, in:

Norddeutscher Leuchtturm, Rostock/DDR 1977; Ludwig Harig: Die Sprache wird zum Körperteil, in: DIE ZEIT, Nr. 26, 17. Juni 1977; Bernhard Gleim: Vorbildlicher Heimatfunk – „Dat Leed van de Diekers", in: epd / Evangelischer Pressedienst, Kirche und Rundfunk, Nr. 89/90 vom 19. Nov. 1977; Fernand Hoffmann / Josef Berlinger: Die Neue Deutsche Mundartdichtung, Tendenzen und Autoren, dargestellt am Beispiel der Lyrik, in: Georg Olms Verlag, Hildesheim/New York 1978; Viola Roggenkamp: Hebbt Se'n Jagdschien, Herr Poet? Der Ostfriese Oswald Andrae singt, dichtet und kämpft für die Mundart. Seine Dialekttexte benutzt er als Waffe, in: DIE ZEIT, Nr. 34, 17. August 1979; Ralf Schnell: Dat Muul uprieten – politische plattdeutsche Poesie, RB 1979; Ralf Schnell: Riet dien Muul up – Niederdeutsche Mundartdichtung heute, Bibliothek des 3. Programms, NDR 1979 – außerdem in: Quickborn 4, 69. Jg., Hamburg 1979; Ralf Schnell: Die Literatur der Bundesrepublik Deutschland, in: Deutsche Literaturgeschichte von den Anfängen bis zur Gegenwart, J. B. Metzlersche Verlagsbuchhandlung, Stuttgart 1979; Bernhard Gleim: Ambivalanz im Suchbild, in: epd / Evangelischer Pressedienst, Kirche und Rundfunk, Nr. 36 vom 10. Mai 1980; Hans Joachim Gernentz: Niederdeutsch – gestern und heute, in: Verlag Hinstorff, Rostock/DDR 1980; Ralf Schnell: Riet dien Muul up – Niederdeutsche Dichtung heute, in: Basis – Jahrbuch für deutsche Gegenwartsliteratur, Band 10, Suhrkamp Verlag, Frankfurt/Main 1980; Jürgen Byl: Gespräch mit dem Dichter Oswald Andrae, in: Ostfriesland, Heft 4, Aurich 1980; Arnold Hündling: Schreiben für „dat minner Volk" – Interview mit einem ungewöhnlichen Heimatdichter, in: frontal, Nr. 4, Bonn 1980; Jochen Schütt: Niederdeutsche Lyrik der 70er Jahre, Radio Bremen, 4. Juli 1981; o. A.: Laway – Aufstand der Deicher 1765. Ein Werkstattgespräch, in: Kultur & Gesellschaft, Nr. 3, München 1983; Werner Schulze-Reimpell: Aufstand der Deicher in: Frankfurter Allgemeine Zeitung vom 4. Febr. 1983; Cornelius Schulze-Rampal: „Laway" – Eine Polemik gegen das Interpretationsunvermögen konservativer Kritiker, in: Odenburger Stachel, Oldenburg 1983; Wolfgang Nitsch (Redaktion): Lawav – Aufstand der Deicher 1765. Eine szenische Chronik von Oswald Andrae, Programmheft, Oldenburgisches Staatstheater, Oldenburg 1983.

Quellen & Hinweise: Wat maakt wi? (S. 15), De Spääldöös klimpert (S. 16), De Slüüs (S. 17), Kindsdööp un Kunfermatschon (S. 18), De Fahn (S. 20), Hollt doch de Duums (S. 24), Riet dien Muul up (S. 26), An't open Füür (S. 58), aus: Wat maakt wi? Niederdeutsche Mundarttexte, hochdeutsche Übersetzung, Graphik: Volker H. Steinhau, Henstedter Handdruck Verlag, Henstedt-Ulzburg 1971. – Status quo (S. 19), Ümweltsüük (S. 30), De Naber (S. 33), Geven is seliger as nehmen (S. 36), Noch'n Gesetz (S. 40), Volksleed (S. 41), Aftellriemel (S. 42), En Hahn besingt (S. 61), Jeverland (S. 124), aus: Hoppenröök geiht üm, Texte in niederdeut. Mundart, Verlag J. P. Peter, Gebr. Holstein, Rothenburg o. d. T. 1975. – En neje Fahn för de rechten mannslüü (S. 21), Ümwelt (S. 29), Sables Blancs / Bretagne (S. 49), Glens un Bens (S. 50), Blair Atholl (S. 51), Suup di duun (S. 67), Stadtpark-Song (S. 157), aus: Hier un annerswor. Neue Mundarttexte aus Niedersachsen und Tirol (Oswald Andrae – Hans Haid), Pegasus-Reihe, Verlag Harald Schmid, Berlin 1976. – Abseits (S. 54), Sicher (S. 55), aus: Begegnungen und Gespräche. Bericht einer Reise. Israel 1968, Graphik: Volker H. Steinhau, Henstedter Handdruck Verlag, Henstedt-Ulzburg 1971. – Raubkatzen schnurren (S. 56), Das Rindvieh (S. 57), aus: Raubkatzen schnurren Friedenslieder. Oswald Andrae & Hans Sünderhauf, Verlag Hugo Hoffmann, Atelier-Handpresse, Berlin 1977. – De Fürst dröömt van Victoria (S. 117 ff), alle Zitat- & Liedtexte aus: Dat Leed van de Diekers. Über einen Deicharbeiter-Aufstand 1765 an der Nordsee (Textbeilage, mit Zeichnungen von Peter K. Kirchhof), LP, Verlag Atelier im Bauernhaus, Fischerhude 1983 – resp. aus: Laway – Aufstand der Deicher 1765. Szenische Chronik, Textbuch/Typoskript, Oldenburgisches Staatstheater, Oldenburg 1983. – Well nix hett, moot in't Feld (S. 133 ff), nach dem Funkmanuskript: De rieke Mann kann blieven, de arme mutt in't Feld, Radio Bremen, Sendung vom 14. Nov. 1981; An well schall ik mi wennen? (S. 155), a. a. O. – Heinz Werner Pohl: Laudatio auf Oswald Andrae (S. 191), aus: Klaus-Groth-Preis 1971, Festschrift der Stiftung FVS, Hamburg 1971 (ebenfalls daraus entnommen: Die Reproduktion der Verleihungsurkunde, S. 200, und das Foto S. 205); Oswald Andrae: ,,Wat maakt wi?" Ein Plädoyer für den Umgang mit Sprache, a. a. O. – Johann P. Tammen: Jagdszenen aus Niedersachsen (S. 207), aus: ,,die horen", Band 90/1973; Günter Maurischat: Notenblatt ,,De Fahn", a. a. O. – Peter Schütt: Andrae hegt keinerlei nostalgische Illusionen (Auszug, S. 212), aus: ,,die horen", Band 99/1975. – Oswald Andrae: Gedanken över dat Woort ,,Heimat" (S. 213), aus: Bericht zur 31. Bevensen-Tagung 1978, Syke 1979. – Ralf Schnell: ,,Riet dien Muul up!" – Niederdeutsche Dichtung – heute (S. 217), aus: Basis – Jahrbuch für deutsche Gegenwartsliteratur, Band 10, Suhrkamp Verlag, Frankfurt/Main 1980.

Dat Blömenleed van Grohnde (S. 71): Zu singen nach dem Song ,,Ye Jacobites by name" des schottischen Dichters Robert Burns (1759 – 1796).

För all dat un all dat (S. 79): Nach dem Song ,,For a'that and a'that" von Robert Burns.

En groote Kunkelee (S. 80): Angeregt durch den Liedtext ,,Die große Kumpanei" von Erich Fried, der sich damit auf Ereignisse in 1967 (Große Koalition) bezog; geschrieben für Claus Boysen und Rainer Abraham, Oktober 1982.

Dat Leed van den Häftling Nr. 562 (ov: Gegen Unrecht harr he sträden): Siehe hierzu auch ,,Dat Leed van den Häftling Nr. 562. Dokumentation über Entstehung und Wandel eines Liedes, Typoskript, Selbstverlag, Jever 1979.

De Windmöhlen (S. 94): Nach dem schottischen Lied „Windmills", gesungen von der Gruppe „The McCalmans".

Güntsiet van d'Sandbank (S. 99): Nach dem Text „Crossing the Bar" von Lord Tennyson.

Up Di (S. 101): Nach Robert Burns.

De Walfangeree (S. 102): Nach dem internationalen Lied „The Greenland Wahle Fishery".

Swarms van Herings (S. 104): Nach dem Lied „The shoals of herring" des schottischen Sänger-Poeten Ewan Mac Coll.

Wille Ogen (S. 161): Nach dem 1925 von Hugh Mac Diarmid geschriebenen Text „The Watergaw".

En Wind sprung up (S. 162): Nach dem schottischen Text „First Love" von Hugh Mac Diarmid.

Zahlreiche der Lieder, Übertragungen und Vertonungen von Oswald Andrae sind auf Schallplatten von Helmut Debus, Jan und Jürn Cornelius, Iain Mackintosh, Lilienthal, Gerd Brandt u. a. zu hören (siehe dort: *Schallplatten).*

Verschiedene der in diesem Band enthaltenen Gedichte, Lieder und Texte sind verstreut in Anthologien, Zeitungen, Zeitschriften und im Funk veröffentlicht worden: auf genaue Quellenangaben wird in diesen Fällen verzichtet. *Erstveröffentlichungen* (im Sinne einer Buchveröffentlichung) sind: De Wandluus (S. 22), Elk een (S. 23), De Kandidat (S. 37), Watt seggt de Partei? (S. 38), Jever (S. 45), För gerhard rühm (S. 47), Drumnadrochit / Loch Ness (S. 52), Stanislaw Jerzy Lec hett mal seggt (S. 61/62), Goethe hett mal schräwen (S. 63), Dat Blömenleed van Grohnde (S. 71), De Garlstedt-Song (S. 72), De Tanker (S. 74), Wahrt Jo! (S. 75), För all dat un all dat (S. 79), En groote Kunkelee (S. 80), Dat Leed van den Häftling Nr. 562 (S. 83), Ik sing (S. 85), Sünner-Martens-Abend (S. 89), De Jarbuck (S. 91), An't Water (S. 93), De Windmöhlen (S. 94), Wat ik meen (S. 96), Güntsiet van d'Sandbank (S. 99), As Dag un Nacht sik drepen (S. 100), Up Di (S. 101), De Walfangeree (S. 102), Swarms van Herings (S. 104), De Glatzkopp ut Glasgow (S. 105), Dree Hexen (S. 109), Dat Leed van den Schipper Luuts (S. 112), Luters Fauk (S. 113), Adelheid de Waternix (S. 115), De rieke Mann kann blieven, de arme mutt in't Feld (S. 135), Suldat Janssen (S. 153), An well schall ik mi wennen? (S. 155) Rund ümto (S. 156), Wille Ogen (S. 161), En Wind sprung up (S. 162), Blömen (S. 163), Dag un Nacht (S. 164), So männich Mal (S. 165), Bävern (S. 166), Seismograf (S. 170), Twee Minsken (S. 171), En groot Geblaar (S. 173), Achter'n Diek (S. 174), Neje Bögels (S. 176), Animus Novus (Dat Goldschipp) (S. 178).

*

*Zur Zeit noch im Handel verfügbare Bücher, Typoskripte und Schall-
platten von Oswald Andrae:*

Begegnungen und Gespräche. Bericht einer Reise. Israel 1968, Gra-
phik: Volker H. Steinhau, Henstedter Handdruck Verlag (DM 9,80);
Hoppenröök geiht üm. Niederdeutsche Mundarttexte (mit Schallplat-
te), Verlag J. P. Peter, Gebr. Holstein (DM 9,90);
Über Ernst Jandl, H. C. Artmann, Jochen Steffen u. a., Typoskript,
Selbstverlag (DM 5,–);
Come to meet us – Kumm uns tomööt, Low German/English-Poetry,
Gedichte und Lieder, Übersetzungen und Nachdichtungen, Typo-
skript, Selbstverlag (DM 5,–);
Dat Leed van de Diekers – 1765, Erzählung und Lieder-Zyklus über
einen Deicharbeiter-Aufstand, Typoskript, Selbstverlag (DM 5,–);
zu beziehen über: Buchhandlung Tolksdorf, Am Kirchplatz 21, 2942
Jever, Telefon 0 44 61 / 31 40.

De bruun Ranzel – ov: Wat'n mit mi maken kann. Niederdeutsche
Prosa mit hochdeutscher Übersetzung und Dokumenten aus dem
braunen Schulranzen der NS-Zeit, Grafik: Wolf-Dietmar Stock, Ver-
lag Atelier im Bauernhaus (DM 9,80);
Dat Leed van de Diekers. Über einen Deicharbeiter-Aufstand 1765
an der Nordsee, LP (mit Textbeilage, Grafik: Peter K. Kirchhof), Mu-
sik: Helmut Debus, Sprecher: Oswald Andrae und Claus Boysen, Ver-
lag Atelier im Bauernhaus (DM 19,80);
zu beziehen über: Verlag Atelier im Bauernhaus, In der Bredenau 5,
2802 Fischerhude, Tel.: 0 42 93 / 6 71 – und in jeder Buchhandlung.

Glossar

Aap	Affe
Achterköök	hintere Küche
äten	essen, gegessen
alltiet	jederzeit, immer
annerswor	andernorts, woanders
anslägschen Verstand	Phantasie, kreatives Denkvermögen
Asel	Dorf im Friesischen
Baas	Chef, Vorgesetzter, Leiter
baben	oben
bädeln	betteln
Bäker	Becher
bävern	zittern, zitternd
Barbeer	Friseur
Bargen	Berge
Beer	Bier
bedütt	bedeutet
begräpen	begriffen
blaakt	qualmt, rust
blänkert	scheinen, strahlen
bleek	bleich
bleuht	blüht
blied	froh
bögen	biegen
boen	bauen
braden	braten, gebraten
Bräkers	Brecher
bredt	breitet
Brennholtbülten	Brennholzhaufen
bröden	brüten
Bröers	Brüder
Büxentasch	Hosentasche
Bullwark	Schiffsanleger, Befestigung
Daak	Nebel
Dener	Diener
Dodenschien	Totenschein
Döör	Tür
Döst	Durst
doot	tot
dreev	trieb
Dreiörgel	Drehorgel
drivt	treibt
drööf	durfte

dröövt	darf
dröömt	träumt
Drüppen	Tropfen
dücht	vorkommt, erscheint
Duums	Daumen
duun	trunken, betrunken
dwingt	zwingt
Eer	Erde
eerder he	eh er
eien	streicheln
elk een	ein jeder
Enterbeest	zweijähriges Rind
Fäärn	Federn, Gefieder
faken	oft, oftmals
fakender	öfter, häufiger
Fisk	Fisch
Floot	Flut
Footträä	Fußtritte
Fräden	Frieden
Franzosenkruut	Franzosenkraut, Immergrün
füünsch	wütend
Füür	Feuer
Füüst	Fäuste
Fummelkraam	Kleinkram
fungen	fingen
Ganter	Gänserich
Geblaar	Geschrei
Gedoo	Getue
givt	gibt
gleunig	glühend
glöövst	glaubst
gräpen	gegriffen
gräsig	gräßlich, eklig
griesen	grauen, tristen
gruweln	grübeln
güntsiet	auf der gegenüberliegenden Seite
günt van	gegenüber
güstern	gestern
Häben	Himmel
Hapen	Hoffen, Hoffnung
harr	hatte
Hart	Herz

hebbt	haben
helpt	hilft
hißt	spöttisch lästert, hetzt
Höhnerhuck	Hühnerhaus (-stall)
hörgern	höheren
hollt	haltet
Hooks-Deep	Hooksieler Tief (Priel)
Hoppenröök	Hopfengeruch
Hüer	Heuer
Iesenfoot	Eisenfuß, Ständer
Jaa	Jade (-busen)
Jarbuck	Eigenname
kääkst	sahst, gucktest
Karktoorn	Kirchturm
Kaschott	Knast, Gefängnis
Keersen	Kerzen
Keuh	Kühe
Kiewitt	Kiebitz
Kindsdööp	Kindtaufe
klaar	fertig
Klamp	Steg, Brücke, Überwegung
Kledaasch	Kleidung
Klöör	Farbe
klook	klug
Knoijeree	Schufterei, Quälerei
Knuppen	Knospen
kööft	kauft, gekauft
köönt	könnt
koopt	kauft
Koyerer	Schwerarbeiter
krääg	bekam
kroop	kroch
Krüüz	Kreuz
künnig	kundig
Kunfermatschon	Konfirmation
Kunkelee	Kumpanei, Kungelei
laat	laß, laßt
Läernacks	Ledernacken
Laway	Lärm, Aufstand, Streik, Arbeitsniederlegung
leet	ließ
Leevst	Liebste

lepen	liefen
lööpt	läuft
Luchten	Lichter
lüggt	lügt
Lüü	Leute
lustert	lauert
luurt	wartet
luut	laut
maakt	machen, tun
Maand	Mond, Monat
männich een	manch einer
männich Mal	manchmal
maken	machen, anfangen
Malljageree	übertriebene Hektik
mank	zwischen, inmitten
Markie	Marquis
marl	verrückt, irr
Meetsloot	Entwässerungsgraben
Mehlstoff	Mehlstaub
Melkbumm	Milchkanne
Menen	Meinungen, Ansichten
Meut	Streit, Zank, Krach
minnachtig	geringschätzig
Minsken	Menschen
mööt	müssen
moij	schön, gut, angenehm
moorden	morden
Müernritz	Mauerritz (-spalt)
Naber	Nachbar
naderhand	hinterher, nachher
neje	neue
nömen	nennen, nannten
nümms	niemand
Östers	Austern
över	über
Olsch	Alte, Frau, Ehefrau
Padd	Pfad, Weg
Pahlen	Pfähle
Parpendikel	Pendel (der Uhr)
Plaats	Hof, Gehöft
Ploog	Pflug
Porgen	Frösche

reep	rief
Reetskup	Gerätschaft, Arbeitsgeräte
Rieders	Reiter(n)
Röö	(Mühlen-)Räder
röögt	rührt, bewegt
Röök	Geruch
Rook	Rauch, Qualm
rürgels	rückwärts
Ruus	Pause, Rast
säker	sicher, sicherlich
schaa	schade
Schaap	Schafe
Schaapschertied	Schafschur(zeit)
Schääp	Schiffe
Schandarms	Gendarmen, Polizisten
Schann	Schande
scheert	kümmert
schellt	schimpft
scheten	schießen
Schillfang	Muschelfang
Schösteen	Schornstein
schüddkopp	schüttelte den Kopf, verneinte
schulln	sollten
schuuvt	schiebt
Schruven	Schrauben
seeght	seht
seilen	segeln
sik	sich
slaan	geschlagen
Slöß	Schloß
Slüüs	Schleuse
Smacht	Hunger
snackt	redet, spricht
Snuut	Schnauze
Söbensaken	Siebensachen
Spääldöös	Spieldose
spägelt	spiegelt
speen	speien, gespien
Spraken	Sprachen
Spröök	Sprüche
sprütt	sprüht, spritzt
staatsch	stolz
Stää	Stelle, Ort
stillkens	heimlich, insgeheim
sträden	gestritten

Straten	Straßen
street	gestreut
Strüük	Sträucher
Stüern	Steuern
Stünnen	Stunden
stuur	schwer, schwierig
stuur Wark	schwere Arbeit
Sudelers Telt	Zelt des Marketänders
Sükensack	Seuchensack
Sülverwater	silbrig glänzendes Wasser
sülvst	selber
süniger	langsamer, bedächtiger
Sünn	Sonne
sünner	ohne
Süük	Seuche
süx	solche
Swarms	Schwärme
swoor	schwer, anstrengend
Tahl	Zahl
Teken	Zeichen
tellt	zählt
Tichels	Ziegel
Tinsen	Zinsen
tödelt	faselt
Toll	Zoll
Toverlaat	Verlaß, Zuverlässigkeit
Tügen	Zeugen
tüsken	zwischen
Tuun	Garten
Twieg	Zweig, Ast
ünner	unter
Ungedüür	Ungeduld
upböömt	aufbäumt
upwussen	aufgewachsen
Utkiek	Ausguck
utstaffeert	ausstaffiert, ausgerüstet
vandaag	heute
verdarwen	verderben
verdreiht	verdreht, umkehrt
verfehren	erschrecken
vergaat	vertragt
vergävs	vergebens
verlüst	verliert

verstahn	verstehen
verstreet	verstreut
Vörjahrstied	Frühling
Wääk	Woche
wälig	üppig
wahrt jo	hütet euch
wannlüstig	gewinnsüchtig
Warwer	Werber
wecker	welcher
weest so goot	seid so gut
well	wer
well wenner un bi well	wer wann und bei wem
wennt wi uns	wenden wir uns
Wiechelnholt	Weidengehölz
Wiespahls	Wegweiser
wüppkern	wippen
wullt	willst
Zägenbuck	Ziegenbock
Ziepeltoorn	Zwiebelturm

255

Alfred-Kerr-Preis 1980 für „die horen"

weil
sie mit großer Aufmerksamkeit die internationale Literatur beobachtet und vorstellt;

weil
sie in der deutschen Literatur nicht nur das Neueste behandelt, sondern sich auch um vergessene Autoren kümmert;

weil
sie mit Text und Kritik zu wesentlichen, wenig bekannten Autoren und Werken hinführt;

weil
sie den Leser durch Nachrichten und Kommentare am literarischen Leben beteiligt.

Jury-Spruch

Zeichnung: Alejandro Obregón